Peter Michel

SEELENLICHT

Geschichten und Erzählungen aus
LICHTWELTEN
zu Bildern von
IVOI

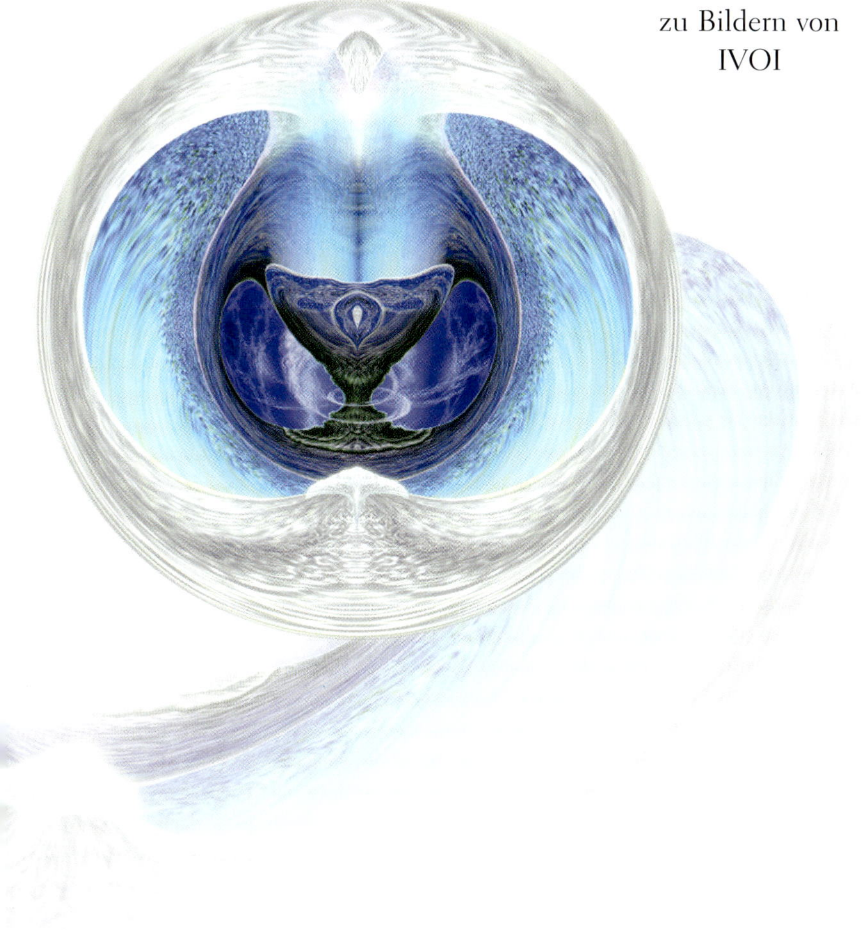

Peter Michel

SEELENLICHT

Geschichten und Erzählungen aus

LICHTWELTEN

zu Bildern von

IVOI

Aquamarin Verlag

1. Auflage 2002

Gestaltung: Annette Wagner
gedruckt in Leipzig

ISBN 3-89427-232-5

INHALT

© April 2001

DAS TAL DER SYLPHEN

Zarter Rosenduft durchzog den weitläufigen Park von Silverwood Castle. Sylvain, die einzige Tochter des sechzehnten Duke of Silverwood, hatte die Tür und die Fenster des kleinen Gartenpavillons weit geöffnet, um den ersten warmen Sommertag mit jeder Pore ihres Körpers zu erspüren. Ein sanfter Windstoß bewegte die Vorhänge, und mit ihm zog ein ganz leichter kühler Hauch über ihre Haut. Die Sonne müsste ihren Himmelsweg noch ein wenig fortsetzen, dann würde es ein wundervoller warmer Tag werden.

Sylvain lehnte sich in ihrem bequemen Schaukelstuhl zurück und ließ ihr Buch auf den Schoß sinken – Elfen-Legenden aus Somerset. Lange hatte sie nicht mehr darin gelesen, obwohl es in ihrer Kindheit immer neben ihrem Bett gelegen hatte.

Ihre Gedanken schweiften zurück, in die Jahre ihres unbeschwerten Heranwachsens auf Silverwood Castle. Es schien ihr, als wären jene Jahre ganz eng verbunden gewesen mit dem „kleinen Volk" der Legenden und Märchen. Waren sie damals nicht ihre Spielgefährten gewesen, in jenem verwilderten Teil des Parks, den ihr Vater stets den „Elfen-Garten" genannt hatte. Der Duke hatte sich nie von seinen Gärtnern oder gar den beflissenen Landschaftsarchitekten aus London überzeugen lassen, jenen, wie sie es nannten, ungepflegten Schandfleck im Park zu verändern. Seit Generationen gehörte er schon den Elfen – und so sollte es auch zu seinen Lebzeiten bleiben.

Sylvain blickte versonnen in die Ferne, legte dann das Buch auf den kleinen Gartentisch und trat vor den Pavillon. Im Freien umwehte sie der Duft des Rosengartens noch berührender, und sie streichelte die wundervoll aufgeblühten Gartenköniginnen, während sie mit langsamen Schritten zur Nordseite des Parks ging. Dort lag der Elfen-Garten.

Während der Park von Silverwood-Castle überaus gepflegt war, wuchsen hier Farne und Rhododendren, wilde Rosen und grüne Sträucher scheinbar planlos neben- und miteinander. Selbst die Kieswege waren teilweise von Unkraut überwuchert, das ihre bloßen Füße in den Sandalen umspielte, während sie auf die kleine Bank zuging, die mitten im Park unter einer alten Eiche stand.

Sylvain setzte sich nieder und war verwundert, welcher tiefe Frieden sie hier umhüllte. Sie hatte es in der Zeit ihrer Abwesenheit völlig vergessen, obwohl sie doch gerade deswegen diese kleine Bank so geliebt hatte.

Sie lehnte sich zurück und ließ sich fallen in die Geborgenheit schenkende Stille dieses Ortes. Kein Windhauch bewegte die Blätter, und selbst die Vögel schienen für Augenblicke ihre geschwätzigen Gespräche eingestellt zu haben.

Schweigen. Frieden. Licht.

Obwohl sie die Augen geschlossen hatte, wurde es plötzlich strahlend hell um Sylvain. Erschrocken öffnete sie die Augen und sah, wie sich ein leuchtender Strahlenkranz um sie gebildet hatte.

Funkelnde purpurne und violette Töne schmiegten sich um ihre Füße, nach oben hin heller werdend und in einem wundervollen Rosa endend, das sich mit der Unendlichkeit des Firmamentes zu vermählen schien.

Das Licht entsprang offensichtlich einer Quelle hinter ihr, so dass sie sich langsam umwandte, die Augen ein wenig vor dem leuchtenden Glanz abschirmend.

Hinter ihr schwebte eine filigrane Gestalt, die von ihrem Oberkörper her wie eine junge Frau ihres Alters aussah und zudem eine verblüffende Ähnlichkeit mit ihr aufwies. Sie hatte ihre Arme erhoben, die jenen wundervollen, fluoreszierenden Lichtkreis zu bilden schienen, der die zierliche Gestalt wie eine himmlische Korona umgab. Ihr Unterkörper, oder was so zu bezeichnen war, floss in die Erde hinab, gleich einem funkelnden Wasserfall aus farbigem Licht.

Das liebevolle Gesicht blickte auf Sylvain herab, und in ihrem Herzen vernahm sie eine Stimme, die zu ihr zu sprechen schien.

„Willkommen in deiner wahren Heimat."

In sprachlosem Erstaunen wollte Sylvain fragend die Hand erheben, doch die leuchtende Gestalt sandte einen weißen Lichtstrahl aus der Mitte der Schwingen heraus, die sich über ihrem Kopf geformt hatten.

Der Strahl berührte Sylvains Herz, und im Wimpernschlag eines Augenblicks empfand sie sich schwerelos über ihrem Körper schweben, der noch immer auf der kleinen Bank unter der Eiche saß.

Erneut vernahm sie die Stimme.

„Willkommen in deiner wahren Heimat."

Diesmal schien es ihr jedoch, als könne sie die Stimme wie ein gesprochenes Wort vernehmen.

„Wer bist du?", hörte sie sich sagen, obwohl sie sicher war, die Lippen nicht bewegt zu haben. Es waren ihre Gedanken, die sich auf seltsame Weise zu Worten geformt hatten.

„Man nennt mich Tarashanti, die Hüterin des Tales der Sylphen. Ich heiße dich willkommen in meinem Reich. Erinnerst du dich nicht mehr an mich?"

Sylvain ließ ihre Blicke über die Lichtgestalt schweifen, und eine ferne Erinnerung schien in ihr Bewusstsein zu treten. Ihr Studium, Silverwood Castle, ihr Vater, ihre Mutter, die so früh verstorben war – dies alles schien ferne Vergangenheit zu sein. Jene leuchtende Welt jedoch und ihre lichte Hüterin, die ihr gegenüberstand, wurde ihr immer vertrauter.

„Schwester, du erinnerst dich also wieder", vernahm sie erneut die kristallklare Stimme.

„Du bist als Botschafterin des Tales hinabgestiegen ins Reich der Menschen, um von unserer Welt zu künden. Doch noch immer bist du eine von uns und darfst von jetzt an allzeit wieder deine Heimat betreten."

Während sie Tarashantis Worten gelauscht hatte, bemerkte Sylvain, wie auch ihr Körper immer leuchtender wurde und ihrer Schwester immer ähnlicher. Zugleich kamen alle Erinnerungen zurück, und sie erkannte ihr wahres Wesen.

Auch sie gehörte zum Tal der Sylphen. Das Menschenreich war nicht ihre wirkliche Heimat. Jetzt verstand sie, warum sie sich so oft als Fremde unter ihren Freunden und Kommilitonen empfunden hatte. Nur auf Silverwood Castle hatte sie sich wirklich zu Hause gefühlt.

Tarashanti ließ ein silberhelles Lachen erklingen und zog ihre zurückgekehrte Erdenschwester mit sich.

Sie flogen schwerelos durch die von den schönsten Blumen gezierten Wiesen und trafen dort all die anderen Wesen aus dem Tal der Sylphen.

Je länger Sylvain in ihrer wahren Heimat weilte, desto ferner schien ihr Silverwood Castle und die Welt der Menschen. Die Blumen, die kleinen Pflanzen, die mächtigen Bäume, die herrlichen Wiesen und Gärten – dies war ihr wahres Zuhause.

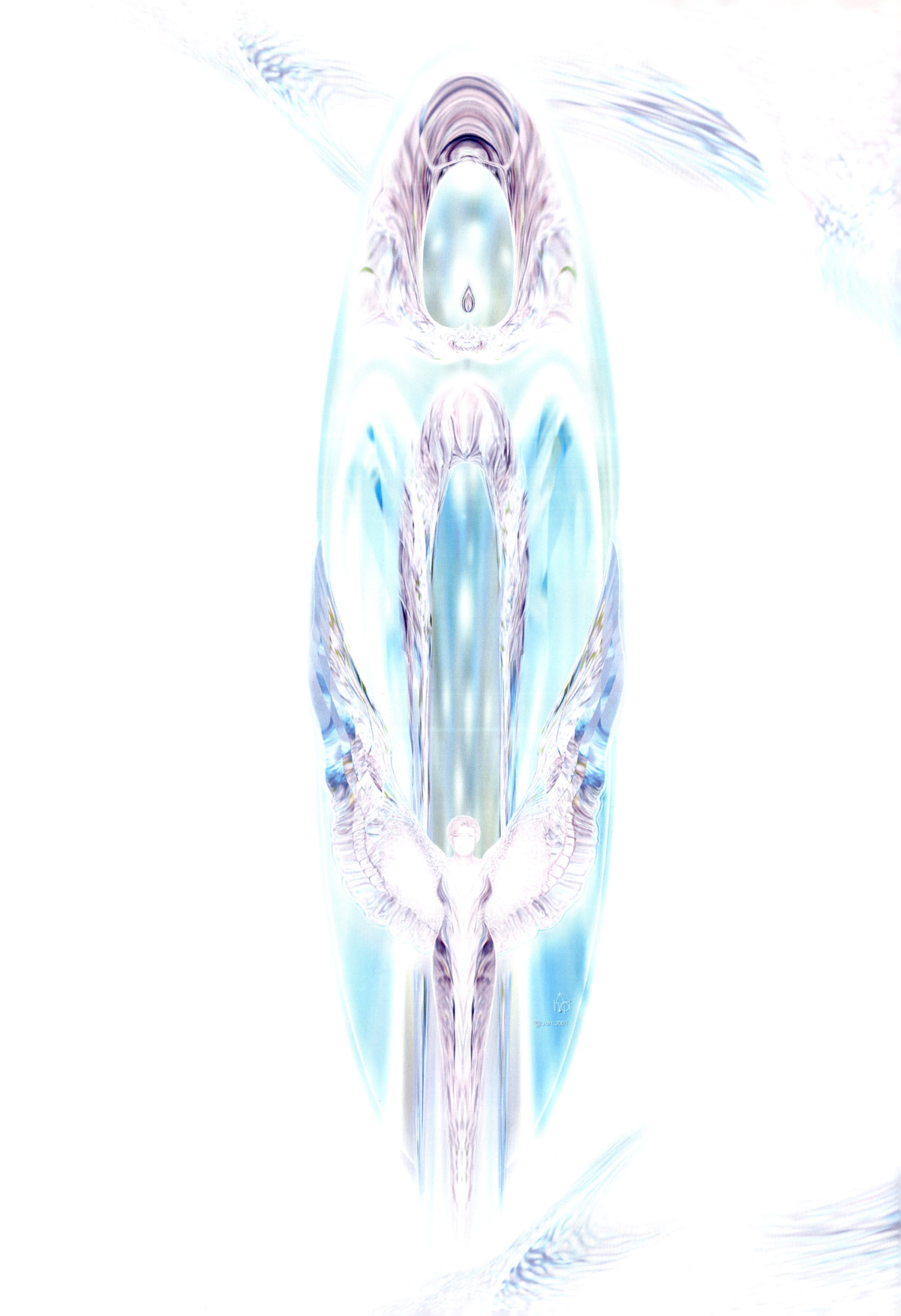

Tarashanti schaute liebevoll auf ihre heimgekehrte Schwester, die fast schon wieder eine Sylphe geworden war. Doch dann überzog unvermutet ein ernster Ausdruck ihr lichtes Gesicht.

„Liebe Schwester, du darfst noch nicht für immer zurückkehren. Deine Aufgabe auf Erden hat gerade erst begonnen. Erinnere dich an das Versprechen, welches du unserer Königin gegeben hast!"

Erstaunen zeigte sich auf Sylvains Antlitz, doch dann kehrte auch dieses Wissen in ihr Bewusstsein zurück. Sie war vom Hohen Rat des Tales ins Reich der Menschen entsandt worden, um dort das Wissen über die lichte Welt der Sylphen und ihre Aufgaben auch für die Menschenwelt zu erwecken. Die Erdenkinder hatten inzwischen vergessen, dass sie zum Wohle der Natur mit den Reichen der Sylphen und Elfen zusammenarbeiten sollten.

„Ich erinnere mich wieder, Schwesterherz, und ich werde zurückgehen, um meine Aufgabe zu erfüllen!"

Liebevoll umhüllte der violette Schwingenkranz Tarashantis ihre Schwester, und die beiden Lichtwesen verschmolzen in himmlischer Einheit.

Eine Ewigkeit schien vergangen zu sein, als Sylvain sich von ihrer Schwester löste und in ihre eigene Form zurückkehrte.

„Komm, ich werde dich zur Kristallpforte begleiten."

Tarashanti und Sylvain glitten durch leuchtende Sphären, bis von Ferne ein funkelndes, rotierendes Lichtrad erkennbar wurde – die Kristallpforte. Der Übergang vom Tal der Sylphen ins Reich der Menschen.

Noch einmal umarmten sich die beiden Schwestern, dann flog Sylvain auf das Zentrum des Rades zu, in dem schon das Licht der Erdensonne aufschimmerte.

Sie durchschritt das Tor der Welten – und kehrte zurück in ihren irdischen Körper. Sie spürte die kleine Bank unter ihr und den vertrauten Duft der Rosen von Silverwood Castle. Ein Hauch von Wehmut überfiel ihr Herz, doch da vernahm sie die Stimme ihres Vaters.

„Du hast wohl geträumt. Ich habe zweimal rufen müssen, ehe du die Augen geöffnet hast. Man hätte meinen können, eine kleine Elfe sei in meinem Park eingeschlafen. Komm, wir haben Gäste."

Sylvain erhob sich, und ein wissendes Lächeln überzog ihr Gesicht. Ihre Aufgabe konnte beginnen.

14 Seelenlicht

IN DER HÖHLE DES YOGIS

Lakshmi war zornig und aufgewühlt nach Rishikesh gekommen. Auch während der einstündigen Fahrt, die kurvige Straße von Tehri hinunter, war es ihr nicht gelungen, zur Ruhe zu kommen.

Lakshmi gehörte zur Umweltbewegung von Bahuguna, einem Schüler Mahatma Gandhis, der mit einer kleinen Gruppe von Umweltschützern versuchte, das riesige Staudammprojekt von Tehri zu verhindern. Dabei spielten nicht nur religiöse Motive eine Rolle – die Region von Rishikesh bis hinauf zu den Bergen galt allen gläubigen Hindus als heilige Erde – sondern auch konkrete geologische Bedenken. Die Gegend um Tehri galt als äußerst erdbebengefährdet. Obwohl dies natürlich auch die Betreiberfirma, ein internationales Konsortium, wusste, wurde weitergebaut. Mochte Shiva ein Einsehen mit den unheiligen Eindringlingen haben.

Alle ihre Proteste waren gescheitert, und nach einem letzten, endgültigen Gerichtsbeschluss hatte die Regierung mit der Evakuierung der ersten Dörfer begonnen. Häuser, ehrwürdige Tempel und heilige Ashrams wurden rücksichtslos geräumt. Lakshmi konnte ein Zittern ihrer Hände nur mit Mühe unterdrücken, so wütend und verzweifelt war sie.

Bahuguna, der nicht nur ihr Mitstreiter, sondern auch ihr väterlicher Freund war, hatte den Sturm in ihrer Seele bemerkt und sie ins Tal der Rishis hinabgesandt. Der Zorn war ein schlechter Ratgeber, und ihre geistige Kraft drohte in falsche Bahnen abzugleiten. Daher hatte Bahuguna sie gebeten, seinen Meister in Rishikesh aufzusuchen. Nur widerstrebend war sie seinem Wunsch gefolgt. Viel lieber hätte sie die Tempel und Ashrams gegen Polizei und Armee verteidigt, mochte der Kampf auch noch so aussichtslos sein.

Nun stand sie vor der großen Brücke über den Ganges, die ihren Namen trug – Lakshmanjoola. Fast zögerte sie ein wenig, doch dann setzte sie ihre Weg fort, ans andere Gangesufer, in die Welt der Yogis und Gurus.

Bahugunas Meister lebte nicht im Ort selbst, sondern in einer Höhle oberhalb von Rishikesh. Lakshmi war nicht einmal sicher, ob es ihr gelingen würde, ihn zu finden. Er schien keinen Namen mehr zu haben, und auch Bahuguna sprach von ihm nur als Baba. Sie sollte nach Baba fragen, falls sie unsicher sei. Aber Baba würde sie ohnehin erwarten, und sie solle ohne Bedenken gehen.

Die schmalen Pfade bergauf waren steil und steinig. Mehr als einmal rutschte Lakshmi aus und hatte sich schon das Knie und die Hand aufgeschürft.

Links und rechts des Weges lagen zahlreiche Höhlen, doch sie war sich auf eigenartige Weise sicher, dass es nicht die richtigen waren. Erst als der Pfad in ein kleines Gehölz einmündete, spürte sie in ihrem Herzen die Gewissheit, ihrem Ziel nahe zu sein.

Zwischen einigen hohen Bäumen hindurch, sah sie am Ende eines engen Hohlweges etwas aufragen, das eine Leiter sein konnte. Die Zweige der dicht stehenden Himalaya-Tannen schlugen ihr ins Gesicht, als sie sich mühsam den Weg bahnte. Es war tatsächlich eine Leiter, die in etwa drei Metern Höhe an eine Höhle angelehnt war, die vielleicht einen knappen Meter hoch war.

Ihr Herz schlug wild, als sie die Füße auf die erste Sprosse setzte – und sie war sicher, dass daran nicht der Aufstieg schuld war.

Behutsam stieg sie hinauf und konnte bereits ins Dunkel der Höhle sehen, als plötzlich ein Zischen, unmittelbar vor ihrem Gesicht, sie zurückzucken ließ. Im letzten Augenblick griff sie nach einem Stück Fels, sonst wäre sie vor Schreck die Leiter hinabgefallen. Nur eine Armlänge entfernt, hatte sich vor ihr eine Königskobra aufgerichtet und funkelte sie feindselig an.

Gerade wollte sie sich über die Leiter wieder in Sicherheit bringen, als ein tiefes OM aus dem Schatten der Höhle erklang. Beim Ertönen der Stimme sank die Kobra wieder zur Erde und rollte sich zur Seite.

„Tritt ein!“, vernahm sie erneut die Stimme aus dem Schatten.

Lakshmi war nach der Begegnung mit der Königskobra nicht unmittelbar geneigt, der Einladung Folge zu leisten, doch dann überwand sie ihre Angst, stieg über die Leiter auf ein kleines Felsplateau und trat gebückt in das kühle Dunkel der Höhle.

Es dauerte einige Augenblicke, ehe sich ihre Augen an die Dunkelheit gewöhnt hatten. Dann konnte sie Baba ausmachen. Er saß im Lotossitz auf einem Tigerfell und blickte sie an. Eine machtvolle Gestalt mit nacktem, muskulösem Oberkörper, der selbst im Dunkel der Höhle zu glänzen schien. Lange dunkle Haare, im Nacken

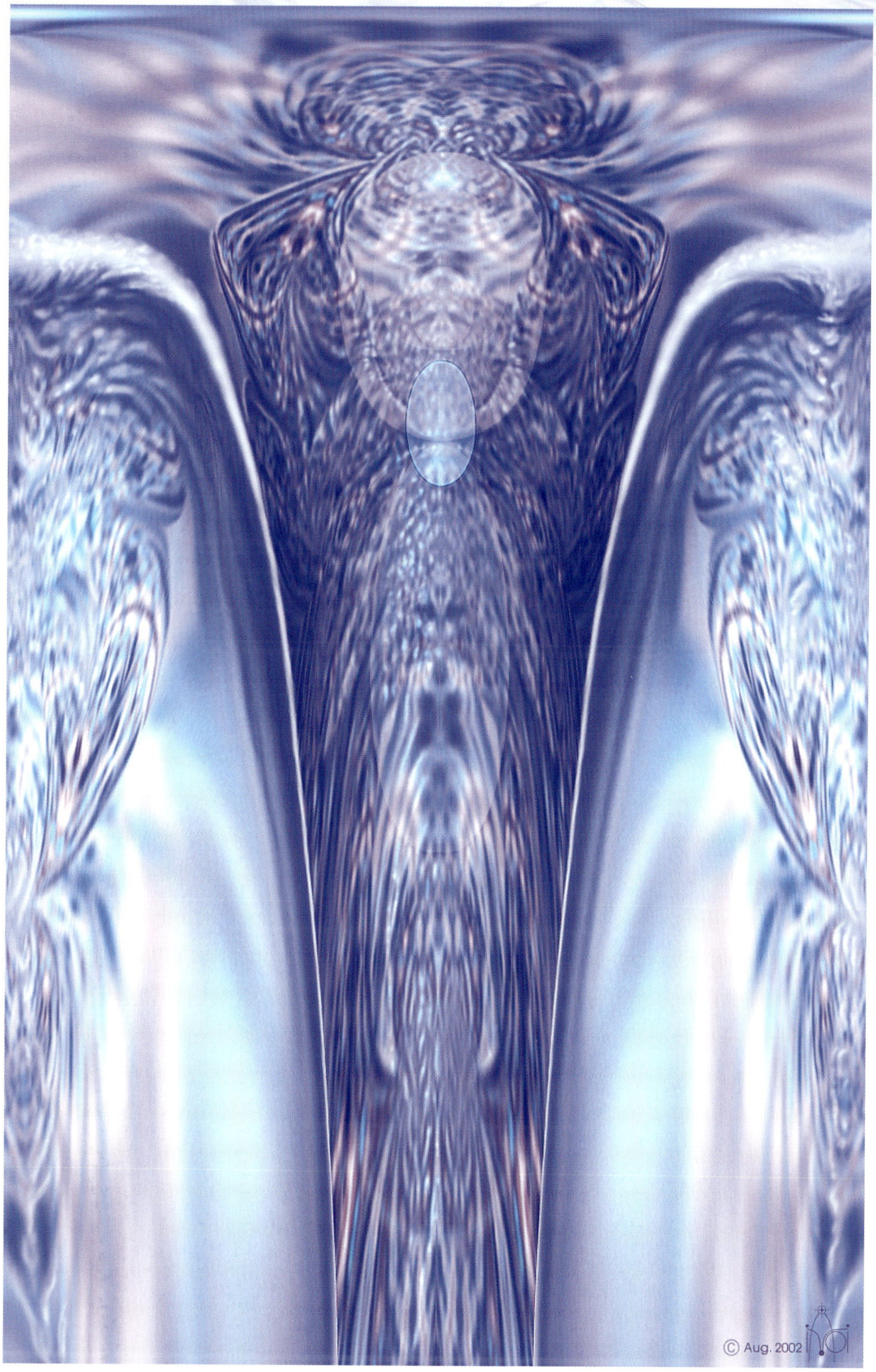
© Aug. 2002

von einem Band gehalten, ließen das ausgeprägte Gesicht schmal wirken, aus dem sie Augen anzublicken schienen, die sie nicht genau erkennen konnte.

Der Yogi glich eher einem Athleten als einem weisen Meister, der achtzig oder gar hundert Jahre alt sein sollte, wie Bahuguna versichert hatte.

„Setze dich!"

Lakshmi ließ sich vor dem Meister nieder, obwohl sie nicht sicher war, ob sie die Worte nur in ihrem Kopf vernommen oder ob sie Baba wirklich gesprochen hatte.

„Unruhe beherrscht deine Seele, mein Kind. So kannst du die Stimme deines Selbst nicht vernehmen. Doch wer sein Selbst nicht mehr hört, hört Gott nicht mehr. Dein Selbst ist eins mit Shiva, deine Persönlichkeit nur ein Spieler im Lila, im göttlichen Spiel des Allerhöchsten."

Lakshmi wollte etwas erwidern, Fragen stellen, den Grund ihres Kommens erklären, doch Baba ließ sie gar nicht zu Wort kommen. Er beugte sich leicht nach vorne und berührte mit der linken Hand ihr Herz-Chakra.

Im gleichen Augenblick verschwanden die Höhle, der Berg, die Bäume, ja der ganze Landstrich. Stattdessen wölbte sich über ihr ein leuchtender blauer Dom, der sich ins Unendliche und in alle Himmelsrichtungen zu erstrecken schien.

Es gab keine Höhle, keine Kobra und keinen Yogi mehr. Sie schwebte im Weltall und vor ihr eine leuchtende Gestalt, die in tiefe Kontemplation versunken schien. Ihr Bewusstsein reichte offensichtlich in alle Richtungen und in die unendlichen Weiten über ihr. Lakshmi konnte zwar noch eine strahlende Form erkennen, doch bestand kaum ein Unterschied zwischen jener und den endlosen Sphären, in denen sie zu schweben schienen.

Langsam hob das göttliche Selbst von Baba den Kopf, der ebenso durchsichtig schimmerte wie seine körperlichen Formen, und ein flammender Strahl aus seinen Augen traf sie.

Eine Lichtkugel zerbarst in ihrem Innersten und löste alle Begrenzungen auf. Lakshmi, die Kämpferin für die Natur, Lakshmi die Zornige, Lakshmi die Verzweifelte, Lakshmi, die mit Gott haderte – sie alle gab es nicht mehr. Alles war Brahman – und alles war gut.

In allem, was war, und in allem, was sein würde – war Brahman verborgen anwesend. Es gab keine Furcht mehr und keinen Zweifel, keine Wut und keinen Kampf. Alles war geborgen in IHM.

Auch sie war allzeit umhüllt und behütet von Shiva, mochte sie als Lakshmi, als junge Frau im Norden Indiens, sich dessen auch nicht bewusst sein. Es gab kein Leben außerhalb von Brahman, dem Absoluten. Und auch Shiva war nur eine seiner Gestalten, eine Hülle des Gestaltlosen.

Lakshmi konnte später nicht mehr beschreiben, wie lange sie Baba mitgenommen hatte in sein Bewusstsein. Es mochten Minuten oder Stunden nach irdischer Zeitrechnung gewesen sein, doch was spielte das für eine Rolle.

Irgendwann jedoch war sie in der Höhle wieder zu sich gekommen, und diesmal war sie nicht einmal verwundert zu sehen, dass die Königskobra sich in ihrem Schoß zusammengerollt hatte.

Baba saß ihr gegenüber, so als sei nichts geschehen. Diesmal konnte sie seine Augen erkennen, und sie sah die grenzenlose Liebe, die aus ihnen hervorleuchtete.

„Geh jetzt wieder an deine Arbeit. Du weißt, dass ich immer bei dir sein werde."

Lakshmi berührte mit ihren Hände die Füße des Meisters, während die Kobra sich geräuschlos aus der Höhle schlängelte.

Als Lakshmi wenig später zurück über die Lakshmanjoola-Brücke ging, verstand sie, warum Krishna Arjuna wieder auf das Schlachtfeld von Kurukshetra gesandt hatte. Auch sie musste den Pfad des friedvollen Kriegers beschreiten, denn jedes Erdenwesen hatte seine Rolle im großen kosmischen Spiel zu erfüllen. Doch so wie Arjuna mit dem Segen Krishnas aus dem Selbst heraus handelte, so konnte auch Lakshmi von nun an ihren Weg aus der Kraft des Allerhöchsten beschreiten. Sie hatte das LICHT gesehen – und niemals wieder würde sie im Dunklen umherirren müssen.

OM – OM – OM

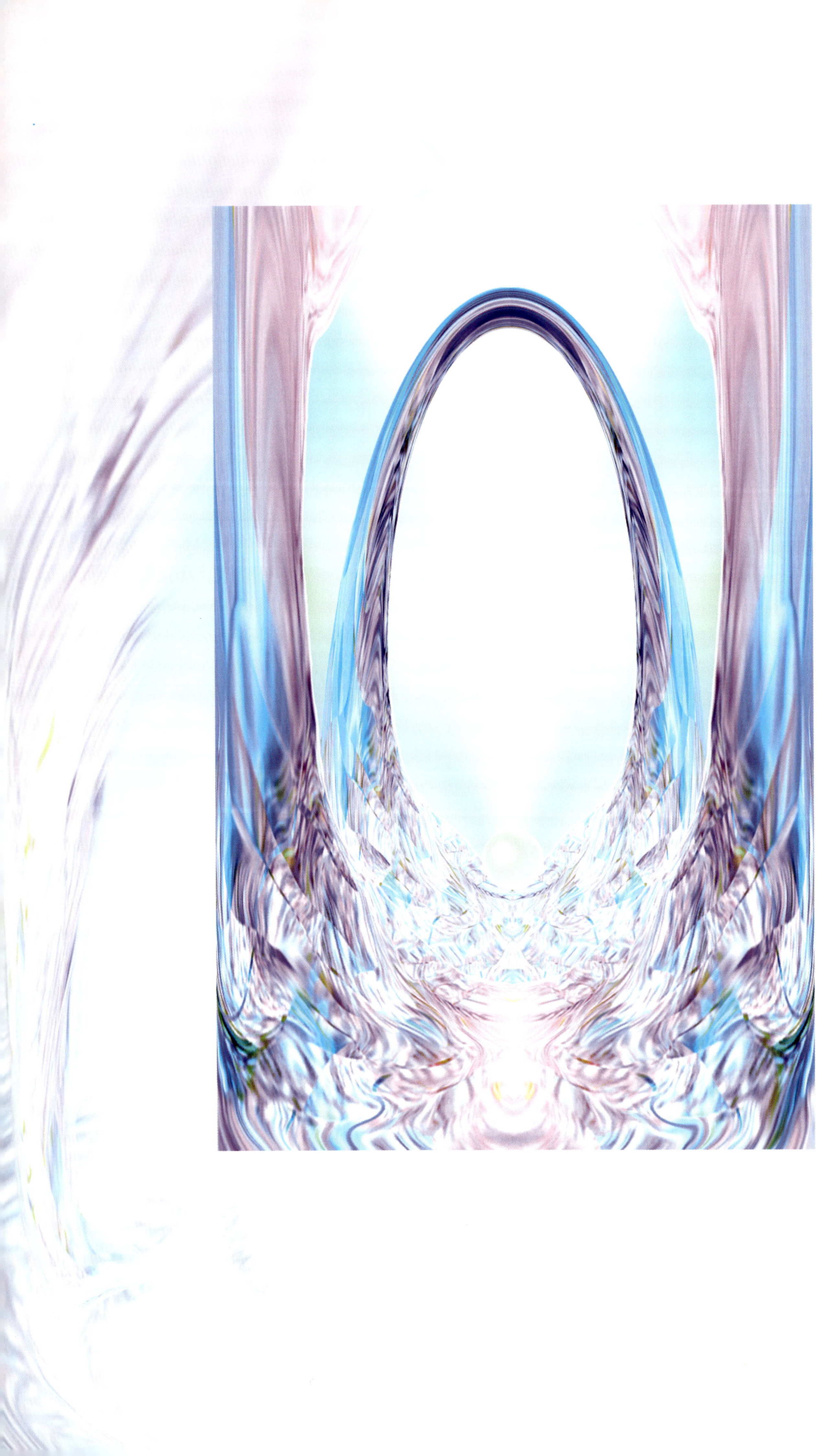

DER SPIEGEL DES ALCHEMISTEN

Die Glocken des Prager Doms schlugen ohne Unterlass, als wollten sie den Bürgern der Reichshauptstadt Mut zusprechen, um das neue Jahrhundert zu begrüßen. Man schrieb die Neujahrsnacht des Jahres 1600, als Rabbi Löw zur zweiten Stunde die Fackel vor dem Tor seines Hauses verlöschen ließ, nachdem sein engster Schüler, Isaak Levi, sich verabschiedet hatte. Es war ein dunkles Jahrhundert gewesen – doch ihre Ahnungen für die kommenden Jahrzehnte waren eher noch unheilschwangerer.

Rabbi Löw und Isaak Levi hatten lange über die Erlebnisse von Isaak auf seiner Reise durch Arabien gesprochen, von der er erst kurz vor Chanukka zurückgekehrt war. Rabbi Löw war vor allem an Isaaks Besuchen bei persischen Magiern interessiert gewesen, die von sich behaupteten, noch das wahre Wissen des Zarathustra zu hüten. Als sie erkannten, dass Isaak Levi ein geistiger Bruder war, hatten sie ihm Zutritt zu ihren Mysterientempeln gestattet. Er lehrte sie das Wissen der Kabbala und der Alchemie des Westens, sie unterwiesen ihn in der Geheimlehre des Zend Avesta. Es waren lichtvolle Tage gewesen, von denen Isaak seinem Meister berichten konnte.

Als er Persien wieder verlassen musste, hatte ihm einer der Tempelpriester, der Hüter der Heiligen Flamme, einen geheimnisvollen Spiegel mitgegeben, als Geschenk für seinen Meister.

„Er wird um seine Handhabung wissen", hatte er ihm gesagt, ein geheimnisvolles Lächeln angedeutet auf seinen Lippen.

Isaak hatte den Spiegel wie seinen Augapfel gehütet. Eingewickelt in Seidentücher und Teppiche, war er tatsächlich wohlbehalten in der Prager Judenstadt eingetroffen.

Als sie ihn in der Neujahrsnacht behutsam von seinen Hüllen befreit hatten, erlebte Isaak Levi das erste Mal, das Rabbi Löw überrascht und zutiefst bewegt aufsprang und einen Schrei der Verwunderung ausstieß.

„Beim Lichte Adonais, was für ein einzigartiges Geschenk! Soweit ich weiß, gibt es nur drei solche Spiegel auf der Erde. Ein Glasbläser aus Antiochien hat sie unter der Anleitung des großen Zarathustra selbst geschaffen. Einer soll Alexander dem Großen auf seinen Feldzügen in die Hände gefallen sein, über den Verbleib der anderen beiden ist nichts bekannt. Und auch jener des großen Kriegsherrn verschwand nach seinem Tod.

Welch ein kostbares Geschenk! Welche Ehre und welche schreckliche Verpflichtung!"

Ehrfürchtig hatte Isaak den glitzernden Spiegel betrachtet, den er wochenlang mit sich getragen hatte. Umrahmt von zwei großen blau- und rosafarbenen Seitenflügeln, formte sich sein Zentrum wie eine große Parabel aus Saphirglas, gehalten von einem kristallenen Boden. In der Mitte lag, eingebettet in funkelnden Glanz, eine wundervoll geschliffene Kugel aus Bergkristall, in der eine verborgene Sonne zu leuchten schien.

Rabbi Löw hatte ein überaus wertvolles Tuch aus venezianischer Seide aus einer großen, reich verzierten Truhe genommen und den Spiegel damit verhüllt. Er stand jetzt in seinem Arbeitszimmer, das außer ihm niemand betreten durfte.

Er hatte Isaak bewegt für die Überbringung der kostbaren Gabe gedankt und ihn eingeladen, in vier Tagen wieder zu ihm zu kommen. In der Vollmondnacht wollte er ihn am Geheimnis des Spiegels teilhaben lassen.

„Dieser Spiegel öffnet das Tor zum Hüter der Zeit", hatte er nur geheimnisvoll gemurmelt und wie abwehrend die Hand vor die Augen gehalten.

Verwundert, beeindruckt und, wie er sich der Ehrlichkeit halber eingestehen musste, erfüllt mit großer Neugier, hatte Isaak Levi seinen Meister verlassen. Die Alchemie hatte ihm viele Geheimnisse des Lebens offenbart, doch die Schwelle von Zeit und Ewigkeit zu überschreiten, war ihm bisher nicht beschieden gewesen.

Nebelschwaden zogen durch die Goldene Gasse, als Isaak Levi die Tür zu seinem kleinen Haus abschloss, zum Domplatz hinauf schritt und von dort die schmale Treppe in die Altstadt hinabstieg, wo Rabbi Löw sein Haus neben der Synagoge hatte.

Die vier Tage bis zum Vollmond schienen sich endlos lange hinzuziehen, wie

Isaak Levi sich eingestehen musste. Eine bis aufs Äußerste angespannte Erwartung war über ihn gekommen. Es war die fast zur Gewissheit gewordene Ahnung, vor einer tiefen, sein Bewusstsein verändernden Erfahrung zu stehen.

Er brauchte den Türklopfer am Hause Rabbi Löws gar nicht zu bedienen, denn als er darauf zuschritt, öffnete ihm der Meister schon, als ob er ihn bereits kommen gesehen hätte, obwohl das Haus nach vorne keine Fenster aufwies. Er bat ihn herein und hieß ihn vor dem Kamin niederzusitzen. Auf dem Kaminsims stand ein Weinkrug, und er füllte aus ihm zwei prächtige Glaspokale. Der rote Tropfen funkelte im Glas. Es war ein schwerer Malvasier.

„Trinke dies zur Stärkung, du wirst es benötigen!"

Isaak fühlte sich wundersam erquickt von dem einen Glas Wein. Er konnte sich des Gedankens nicht erwehren, als habe der Wein ein wenig nach Aurum Potabile geschmeckt, dem flüssigen Gold der Alchemisten.

Als sie die Pokale geleert hatten, bat ihn Rabbi Löw, ihn hinauf in sein Arbeitszimmer zu begleiten. Sie traten ein, und der Rabbi verriegelte hinter ihnen sorgfältig die knarrende alte Eichentür. Langsam zog er das Seidentuch von dem Kristallspiegel, wobei er fast liebevoll über seinen Rahmen strich.

„Zarathustra wusste mehr über die Zeit als die meisten großen Weisen, die nach ihm kamen. Er hatte wahrhaft den Hüter der Zeiten getroffen. Um den Missbrauch des Spiegels zu verhindern, versiegelte er ihn mit ägyptischer Magie. Nur wer das Siegel des Hermes Trismegistos zu überwinden vermag, kann durch den Spiegel in die Anderwelt treten.

Als du den Spiegel mitbrachtest, wusste ich, dass wir die Erlaubnis haben, einzutreten.

Der letzte, der in einen der drei Spiegel geblickt hat, war der große Nostradamus. Er erhielt den Schlüssel von Ulrich von Mainz, der leider später der dunklen Seite verfiel und noch immer gebannt in der Welt der Schatten leben muss. Nostradamus jedoch blieb dem Licht treu, wenngleich er nicht alles verstand, was der Spiegel ihm zeigte.

Nun tritt neben mich!"

Isaak Levi stellte sich neben seinen Meister, der sein graues Gewand abgelegt hatte. Darunter war eine kostbare Robe zum Vorschein gekommen, auf der Isaak Schriftzeichen erblickte, die eine Mischung aus arabischen, babylonischen und hebräischen Buchstaben zu sein schienen.

Rabbi Löw verbeugte sich vor dem Spiegel, legte die Hände vor der Stirn zusammen und begann mit einer geheimnisvollen Anrufung, wie sie Isaak Levi nie zuvor aus dem Munde seine Meisters vernommen hatte.

Seine Stimme schwoll an und ab, und während der Intonation der unverständlichen Worte geriet der Spiegel in Schwingung. Die blaue Parabel flammte in blitzendem Feuer auf und dehnte sich aus. Der Spiegel schien sich zu weiten und zu vergrößern. Er bewegte sich auf den Rabbi und seinen Schüler zu. Als das Saphirlicht die Füße von Rabbi Löw und Isaak Levi erreicht hatte, schloss sich der Flammenbogen um sie, und das Studierzimmer des großen Kabbalisten verschwand in der Schnelle eines Wimpernschlages.

Stattdessen zeigte sich vor ihnen ein Fluss wie aus flüssigem Glas, an dessen Ufer ein kleiner Tempel lag. Sein Portal, umrahmt von violettem Glanz, stand offen. Isaak spürte, wie er sanft durch diese Pforte gezogen wurde. Während er den Tempel betrat, wurde ihm bewusst, wie seine Gestalt durchsichtiger und leuchtender wurde. Alles Schwere schien von ihm abzufallen und in Licht verwandelt zu werden.

Dann stand er vor ihnen – der Hüter der Zeit.

Isaak wusste es ohne den Hauch eines Zweifels. Jene majestätische Gestalt war der Wächter zwischen dem Gestern und dem Morgen. Er verneigte sich tief und erblickte dabei erstmals wieder seinen Meister, der ebenfalls sein durchlichtetes Haupt vor dem machtvollen Geistwesen geneigt hatte.

„Wenigen Sterblichen nur ist es beschieden, durch den Spiegel des großen Zarathustra zu treten. Jene, die größer sind als ich, gewährten euch Zutritt. So soll es euch gestattet sein, hinter den Schleier der Isis zu blicken!

Nennt euer Begehren!"

Die Worte waren wie Schneekristalle ins Bewusstsein von Isaak Levi gesunken, und ähnlich vernahm er die Antwort von Rabbi Löw.

„Als Kinder der Erde lasst uns, so es Jehovahs Wille ist, einen Blick auf ihre Zukunft werfen."

© Jan. 2002

„So sei es!“, erwiderte der Hüter.

Er ließ die Hände kreisen – und vor ihnen stieg eine Lichtbrücke aus flammendem Kristallfeuer empor, über deren Bogen eine Erdkugel rotierte. In der Mitte der Brücke begannen sich Bilder zu formen, klarer und immer deutlicher.

Sie erblickten Rom, die wenig heilige Stadt, und sie sahen das Feuer aufsteigen – und in ihm, aufrecht, ein Dominikaner. Schrecken überzog die Antlitze von Rabbi Löw und Isaak Levi, denn sie wussten nun, welches Schicksal ihrem Geistesbruder Giordano Bruno zuteil werden würde.

Weiter wanderten die Bilder, und schon bald sahen sie ihre eigene Stadt. Doch was sie erschauten, erfüllte sie mit tiefem Schrecken, denn der Krieg, der heraufzog, würde dreißig Jahre dauern!

Neue Landschaften und Städte zogen vorbei, und immer furchtbarer wurde das Grauen, das sich ihnen offenbarte. Eine verderbte und in Gottesferne versunkene Menschheit ersann ständig neue und immer grausamere Waffen, die den Erdball in einem Meer von Blut versinken ließen.

So zogen Jahrhunderte dahin, erfüllt von Schrecken und Leid, von Gewalt und Tod.

„Nimmt es kein Ende?“, vernahm Isaak die ermattete Stimme seines Meisters, der, vom Entsetzen des Geschauten gramgebeugt, auf die Bilder im Brückenbogen starrte.

„Seht selbst!“

Und wieder zogen die Bilder vorbei; doch als das Grauen schier unerträglich zu werden drohte, hellte sich das Licht in der Brücke unvermittelt auf. Das Morden und Töten ließ nach, die Szenen wurden friedvoller und schöner und strahlten schließlich einen Lichtglanz aus, der gleich jenem des Brückenbogens war.

„So wird die alte Prophezeiung doch wahr?“, wagte Rabbi Löw zu fragen.

„Sie wird wahr!“, erwiderte der Hüter.

„Auch muss nicht all das Grauen geschehen, was ihr erblickt habt. Wenig Hoffnung besteht für das, was ihr als Erstes erblicktet. Das Netz von Schuld und Vergeltung ist bereits so eng geflochten, dass auch das Opfer jener wenigen reinen Seelen

© Feb. 2001

keine Änderung mehr zu bewirken vermag. Doch in ferner Zukunft wird sich vielleicht noch manches Herz ändern und sich den Kräften des Lichtes zuwenden. Jeder Seelenfunken, der in die lichten Sphären zurückkehrt, wird die Waagschalen der Macht zu unserer Seite neigen.

Auch ich vermag nur das zu sehen, was ihr gesehen. Nur der Allerhöchste weiß, was wirklich geschehen wird."

Mit diesen Worten erlosch das Licht in der Brücke.

Der Hüter streckte seine leuchtenden Hände nach ihnen aus und berührte ihre Häupter, die sich voller Ehrfurcht gesenkt hatten.

„Geht in Frieden und bewahrt in euren Seelen, was ihr erlebt habt. Auch Nostradamus stand vor wenigen Erdenjahren hier und erschaute, was ihr erschautet. Es war ihm freigestellt, Zeugnis abzulegen oder zu schweigen – und er entschloss sich zu verkünden, was seine Schauungen ihm offenbart hatten. Wer weiß, ob es zum Segen der Menschheit sein wird. Nicht einmal ich vermag dies zu sagen.

Nun geht, doch nehmt meinen Rat mit euch. Möge der Spiegel vor den Augen der Welt verborgen bleiben, die noch nicht reif ist, sein Geheimnis zu erfahren."

Als das letzte Wort verklungen war, löste sich die Gestalt des Hüters der Zeit auf, und zurück blieb nur eine kleine Kristallkugel, die sich langsam entfernte. Am Horizont jedoch sahen Rabbi Löw und Isaak Levi einen großen Torbogen aufflammen, an dessen Ende der Spiegel des Zarathustra zu leuchten schien. Sie bewegten sich darauf zu – und standen einen Herzschlag später wieder im Haus von Rabbi Löw.

Die beiden Männer verabschiedeten sich schweigend – und bis zu seinem Tode verlor Rabbi Löw nie wieder ein Wort über ihre Begegnung mit dem Hüter der Zeit. Erst auf seinem Totenbett offenbarte er seinem Schüler, dass er den Spiegel in der alten Synagoge versteckt hatte, wo er neben den Überresten des Golems ruhte. Und noch im Sterben hoffte der große Rabbi, er möge dort nicht gefunden werden.

© Juni 1999

DAS SEELENLICHT

Der heiße Wind aus den Wüsten Nubiens spielte mit den Vorhängen vor den Gemächern des Hohepriesters, als Merit-Aton durch den Seitenflügel des Großen Tempels schritt. Sie bemühte sich, selbstbewusst ihre Schritte zu setzen, wie es sich für eine Tochter des Pharaohs gehörte. Doch ihr Herz schlug wild, und ihre Handflächen waren feucht vor Angst.

Drei Jahre hatte ihre Vorbereitungszeit gedauert, und nun sollte sie zur Einweihung zugelassen werden. Wie ihr Vater Echnaton, hatte auch sie den Weg Atons eingeschlagen, den Pfad des einen Gottes, des einzigen Gottes. Vergeblich hatten die immer noch einflussreichen Amun-Priester versucht, die religiösen Sehnsüchte der Tochter Echnatons zu nutzen und sie auf ihre Seite zu ziehen. Obwohl noch jung an Jahren, hatte Merit-Aton schon bald erkannt, wie tief ihr Vater in die Geheimnisse der inneren Welten eingedrungen war und wie weit entfernt davon die Machtgier der Amun-Priester war.

Es gab nur einen Gott, und Ra, die Sonnenscheibe, war nur ihr sichtbares Symbol.

Die Aton-Priesterschaft war zahlenmäßig nur gering, aber in ihren Tempeln glaubte Merit-Aton das Licht des Allerhöchsten leuchten zu sehen. Ihre Seelen waren rein und Echnaton in Liebe treu zugetan. Für sie war der Pharaoh der irdische Repräsentant Atons.

Wer in den Tempeldienst eintrat, legte gleichzeitig seinen weltlichen Rang und Namen ab. So war auch der Hohepriester, einst Merit-Atons einflussreicher Onkel am Hofe des Pharaohs, nunmehr nur noch der Diener Atons. Er hatte alle einstigen Insignien der Macht abgelegt und stand im weißen Gewand vor seiner Nichte, nur mit einer goldenen Ankh-Kette geschmückt.

Der Hohepriester blickte ernst, als Merit-Aton demütig vor ihm auf die Knie sank. Er war der einzige Mann, vor dem sie sich unterwürfig zeigte. Selbst vor dem

Pharaoh neigte die stolze und selbstbewusste Merit-Aton nur kurz ihr Haupt, was bei Echnaton stets ein kaum wahrnehmbares Lächeln auslöste. Er kannte seine Tochter und ihr unbezähmbares Temperament – sie war ihm nur allzu ähnlich.

Doch das Leben im Tempel war anders als das Leben am Hofe. Hier galten andere Gesetze. Aton konnte man sich nicht mit Macht nähern, sondern nur mit Demut.

Ihr dunkles Haar fiel Merit-Aton in die Stirn, als der Hohepriester ihre Schultern berührte und sie zu ihm aufblickte.

„Begehrst du noch immer die Einweihung, meine Tochter?", vernahm sie die wohlklingende Stimme des Priesters.

„Ja, Meister. Ich begehre sie noch immer; und heute begehre ich sie zum dritten Mal, so dass ihr mich nicht zurückweisen dürft. So schreibt es das Gesetz Ägyptens vor. Ich habe alle Prüfungen bestanden und bitte um Einlass ins Reich Atons."

Sanft zog sie der Hohepriester empor und blickte ihr in die Augen. Er prüfte ihre Seele. In seinen unergründlichen Augen wiederum erschaute Merit-Aton den Glanz des Allmächtigen, und ihre junge Seele erschauerte.

„Nicht aus Willkür schlug ich deine Bitte zweimal ab, Tochter des Pharaohs. Wohl weiß ich um deine Ernsthaftigkeit, kenne deine Geisteskraft, deinen Mut und deine Entschlossenheit. Doch ich sehe auch deinen Stolz und die Verführung der Macht. Nur jene sollten den Pfad der Einweihung beschreiten, die den Willen zu herrschen gegen den Wunsch zu dienen getauscht haben. Kannst du dies von dir behaupten, geliebte Merit-Aton?"

„Ich kann es, Meister. Ich habe der Pracht des Hofes entsagt, um den Weg Atons zu beschreiten. Der Glanz des Pharaohs blendet meine Seele nicht mehr."

„Wohl wahr, Tochter der Isis, der Macht des Hofes hast du entsagt. Doch was ist mit der Macht im Reiche Atons? Begehrst du nicht, mächtig zu sein in seinem Reich?"

Merit-Aton zuckte unmerklich zusammen. Der Hohepriester hatte richtig in ihrer Seele gelesen. Sie wollte zum Werkzeug Atons werden, um seiner Herrlichkeit auf Erden Anerkennung zu verschaffen. Was konnte falsch daran sein, dem einen, dem wahren Gott den Weg zu bereiten?

„Hüte dich, zu werden wie die Priester des Amun, Merit-Aton. Auch sie wollen nur die Macht ihres Gottes vermehren. Doch Aton braucht keine menschlichen Werkzeuge, um seine Macht zu bezeugen. Legen nicht die Sterne, das Meer und die Wüste Zeugnis ab für seine Größe?

Wer Aton dienen will, muss der Macht entsagen. Doch das heilige Gebot des Tempels verpflichtet mich, dich zur Einweihung zuzulassen, um die du mich heute zum dritten Mal ersucht hast.

So folge mir!"

Der Hohepriester schritt bedächtig und mit gebeugtem Haupt vor Merit-Aton durch die Große Halle des Aton-Tempels in Amarna. Kaum ein Ton durchschnitt die schweigende Hitze zwischen den Säulen, als die Prinzessin ihrem Meister folgte. So viel hatte sie von ihm gelernt, so tief war ihre Zuneigung und Verehrung – warum wollte er ihr den Zutritt zum letzten, zum größten Geheimnis verwehren?

Sie betraten die Kammer des Osiris, an deren Kopfende der große Altar mit den beiden Horus-Falken stand. Schon oft hatte Merit-Aton hier ihre Versenkungsübungen ausgeführt und war eingetreten in die große Stille. Doch dieses Mal trat der Hohepriester nicht vor den Altar, sondern legte die Hand auf die Flügel des linken Horus-Falken. Als er dies tat, bewegte sich der schwere Marmoraltar und drehte sich zur Seite. Unter ihm öffnete sich ein Weg in die Tiefe, von dessen Existenz Merit-Aton bis jetzt nichts bekannt gewesen war.

Sie folgte dem Hohepriester in die Tiefe, und wieder musste sie sich eingestehen, dass ihr Herz voller Erwartung und Angst schlug. Nicht gefahrlos war es, das Tor zur Einweihung zu durchschreiten. Dies wusste die Tempelschülerin nur allzu genau.

Allmählich gewöhnte sich Merit-Aton an die Dunkelheit, die gelegentlich von vereinzelten Fackeln erhellt wurde, die in den Wänden steckten. Ihr Weg schien kein Ende zu nehmen, denn Kammer folgte auf Kammer, Gewölbe auf Gewölbe.

Endlich standen sie vor einer Steinpforte, als der Hohepriester innehielt. Er wandte sich um und sprach zu Merit-Aton.

„Mein Kind, dies ist der letzte Augenblick, um innezuhalten. Ich bitte dich in-

ständig, deine Entscheidung noch einmal zu überdenken. Noch ist deine Persönlichkeit nicht reif genug, um den Schritt in die Welt der Seelen zu tun. Öffnest du zu früh das Auge der Isis, wirst du viele Jahrhunderte darunter zu leiden haben."

Merit-Aton spürte, wie ihre Stimme zitterte, als sie erwiderte: „Ohne Furcht durchschreite ich diese Pforte, um von nun an eine Priesterin Atons zu sein!"

Es schien, als würde eine unsichtbare Bürde auf die Schultern des Hohepriesters gelegt, als er, gebeugt von einem inneren Schmerz, die Pforte berührte.

„Gewähre du, dreimal großer Hermes, Einlass deiner Tochter. Gemäß den Geboten, die du einst Ägypten gabst, begehrt sie die Einweihung. Alle Prüfungen hat sie bestanden, so dass es nicht in meiner Macht steht, ihr den Zutritt zu verwehren."

Bei diesen Worten leuchtete das heilige Zeichen des Hermes Trismegistos auf der steinernen Pforte auf – und sie schwang zur Seite.

Im Inneren der Einweihungskammer stand allein ein großer Sarkophag, verziert mit geheimnisvollen Schriftzeichen.

„Bereite dich vor, dem Herren der Unterwelt zu begegnen. Anubis erwartet dich!"

Mit diesen Worten wies der Hohepriester auf den geöffneten Sarkophag. Merit-Aton kannte die Riten und legte sich in das kalte „Grab Atons". Sie schloss die Augen, als der Hohepriester den Deckel des Sarkophags über sie schob – das „Siegel des Anubis".

Dunkelheit.
Die Schwärze der Nacht.
Der ewige Schlaf.

Merit-Aton konnte ihr Zittern nicht unterdrücken, als der Deckel des Sarkophags sich über sie senkte und das spärliche Dämmerlicht der Fackeln verlosch. Unaufhörlich rief sie die Macht Atons an, um ihre Angst zu besiegen. Sie zwang sich, in jenem Rhythmus zu atmen, den sie in der Tempelschulung erlernt hatte. Und es gelang ihr. Immer langsamer wurde ihr Atem, bis sie ihn kaum noch wahrnahm.

Stille.
Schweigen.
Die Unergründlichkeit Atons.

Und plötzlich das Licht. Die Nacht verschwand. Der Sarkophag löste sich auf – und Merit-Aton hörte auf zu existieren.

Eine türkisblaue Lichtkugel stieg auf, in der Merit-Aton sich selbst erkannte. Sie schien über dem Tempel zu schweben, über Ägypten, über dem gesamten Erdball, der wie eine blaue Insel unter ihr entschwand.

Über ihr ein dunkles Tor, die Pforte zu den Sternen. Das Tor zur Einweihung.

Merit-Aton nahm wahr, wie ihre Seele sich emporschwang in kosmische Reiche. Ihre irdischen Formen hatten sich aufgelöst – sie wurde eins mit dem ALL. Zeit und Raum vergingen im Lichtglanz der Herrlichkeit Atons.

Während sie in jene unaussprechliche Einheit versunken war, erkannte sie, wie jenseits der leuchtenden Kugel sich neue Formen, neue Körper bildeten.

Sie erschaute sich selbst, als Hohepriesterin des Aton, verfolgt von den aufständischen Amun-Priestern. Sie sah, wie der Tod sie im Tempel ereilte und wie sie sterbend die Gegner des Pharaohs und die Feinde Atons verfluchte.

Und weiter sah sie, mit dem Licht der Seele, wie dieser Missbrauch des heiligen Gesetzes sie erneut an das Rad der Wiedergeburt band. Macht und Herrschsucht zwangen sie immer wieder in einen Erdenkörper. Sie wollte dem Kreislauf entrinnen, doch ihre wechselnden Persönlichkeiten blieben unberührt vom Lichte Atons.

So zog Leben auf Leben dahin, bis die unsagbare Sehnsucht, das endlose Leiden sie erweckte. Vom qualvollen Schmerz der Trennung geläutert, erkannte sie in ihrer Erdenpersönlichkeit erneut, dass alles Leben eines war. Pharaoh und Hohepriesterin, Schreiber und Sklavin, sie alle waren nur Schauspieler im großen Drama des Lebens. Nur wer das Spiel erkannte, durfte es beenden!

So erblickte Merit-Aton ihre Seele nach Jahrtausenden der Wanderung, von Körper zu Körper, von Ägypten nach Griechenland, von Griechenland nach Rom, von Rom nach Byzanz, von Byzanz ins Reich der aufgehenden Sonne und von dort nach Florenz und Paris und weiter in Welten, von denen die ägyptische Prinzessin in ihrem Erdenbewusstsein noch nie etwas gehört hatte. Sie erschaute Merit-Aton – und zugleich war es nicht Merit-Aton. Dieselbe und doch eine andere.

Äonen schienen zu vergehen, bis sie, am Ende ihrer Wanderung, wieder das Seelen-

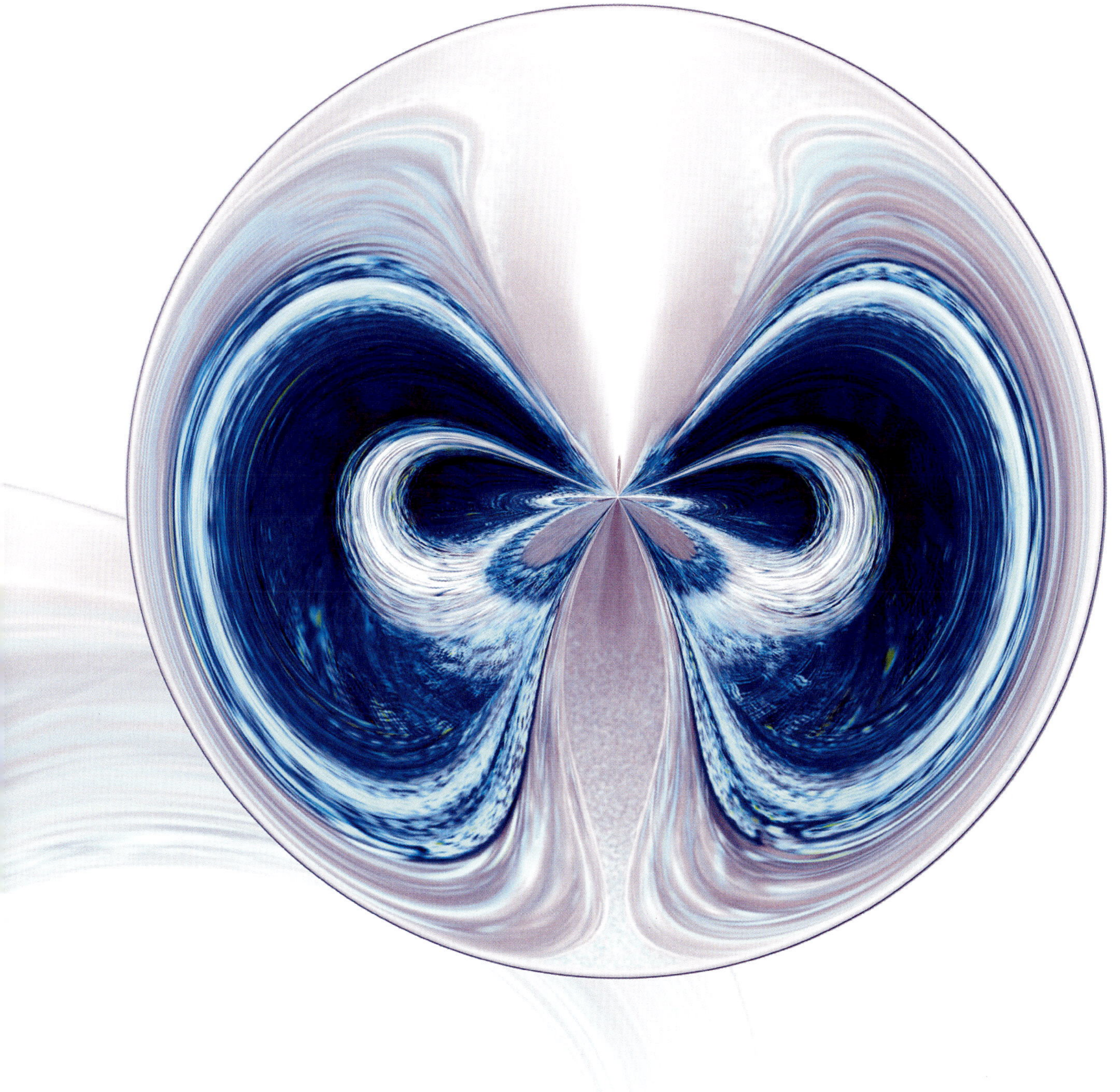

licht erblickte. Doch dieses Mal war sie wahrhaft reif für die Einweihung. Alles Streben nach Macht war von ihr abgefallen, nur Liebe und Dienen lebte in ihrer Seele.

Sie erschaute durch das Auge der Isis voller Erstaunen jene Zeiten und zugleich die Gegenwart des Tempels – und nun verstand sie die Mahnung des Hohepriesters. Sie war wahrhaftig noch nicht reif gewesen für die Einweihung, und das Tor zur Seele hatte sich zu früh geöffnet. So musste sie Jahrtausende lang in immer neue Erdenkörper hinabsteigen, um reif zu werden für jene Gnade, die sie in ihrer Unreife zu früh erzwingen zu können glaubte. Tröstlich war allein zu sehen, dass sie nie allein den Weg durch die Zeit beschreiten musste. Immer waren Seelengeschwister, in ewiger Liebe verbunden, an ihrer Seite. Sie schritten neben ihr, auf dem Pfad ins Licht, auf dem pfadlosen Weg zur Wahrheit, auf dem Pfad der Liebe. Und der Tag würde kommen, an dem die Wanderschaft auf Erden ein Ende fände. Das Seelenlicht konnte nie verlöschen, bis es am Ende der Tage aufleuchten durfte in der großen Einheit. Sie würde allmählich ihr Einweihungswissen zurückerhalten und viele Seelen an ihrer Seite sammeln, bis die Morgenröte einer neuen Zeit von Ferne am Horizont der Erdenwelt zu dämmern begann.

Das sanfte Licht der Fackel blendete Merit-Aton, als der Deckel des Sarkophags zur Seite geschoben wurde. Liebevolle Hände ergriffen sie und hoben sie heraus aus der Grabkammer der Einweihung. Sie schaute in das Gesicht des Hohepriesters, und Tränen strömten über ihre Wangen, als sie vor ihm niederkniete.

„Verzeiht, Meister, ich begehrte mehr, als mir zustand!“

Mit unsagbarer Güte zog der weise Priester Atons sie an sich, und während ihre Tränen sein Gewand benetzten, vernahm sie seine Stimme: „Ich werde immer bei dir sein, und auch das Licht Atons wird deine Seele nie verlassen!“

© Marz 2000

IM SOMMERLAND

Die kleine Stadt im Allgäu lag friedlich vor Sabine, als sie die Vorberge hinabfuhr, die sie, von Lindau am Bodensee kommend, überqueren musste. Sollte sie hier Hilfe finden? Sie konnte es sich nur schwer vorstellen; doch es war wohl die letzte Hoffnung, die ihr noch verblieben war. Zwei Jahre waren seit jenem schrecklichen Unfall vergangen, der ihr Gabriel geraubt hatte. Er war vier Jahre alt gewesen, als die betrunkenen jungen Leute die Kontrolle über ihren Wagen verloren hatten und in ihren Garten gerast waren. Es war Volksfest gewesen, und schon am Nachmittag hatten sie viel zu viel Bier getrunken. Nur eine oder vielleicht eine halbe Stunde später, und Gabriel wäre im Haus gewesen. Erneut stiegen Tränen der Wut und der Verzweiflung in ihr empor, und sie umklammerte das Lenkrad.

Zwei Jahre, und kein Zeichen von diesem Lichtkind, das ihr Sonnenschein gewesen war, die einzige Person, die ihrem Leben nach ihrer traumatischen Scheidung noch Sinn gegeben hatte. Dann war er gegangen.

Sie konnte sich heute kaum noch erklären, wie sie die ersten Wochen nach dem Unglück überlebt hatte. Vielleicht war es Tina, ihre beste Freundin, die täglich nach ihr geschaut hatte und sich bis zur eigenen Erschöpfung um sie gekümmert hatte. Ohne sie hätte sie es sicher nicht geschafft. Tina war es auch gewesen, die ihr die ersten Bücher über ein Leben nach dem Tod geschenkt hatte. Sie hatte sie alle verschlungen und ein wenig Hoffnung geschöpft. Sie hatten ihr keine Antwort auf die brennende Warum-Frage gegeben, aber sie hatten einen Hoffnungsschimmer aufleuchten lassen, dass es Gabriel doch noch irgendwo geben würde. Irgendwo!

Sie war zu Heilern und Medien nach England und auf die Philippinen geflogen, aber es hatte ihr keine neuen Einsichten geschenkt. Zum Schluss hatte sie angefangen zu meditieren, und das brachte zumindest ein wenig Ruhe in ihr Herz.

Dann hatte Tina ihr den Zettel mit der Adresse im Allgäu in die Hand gedrückt. „Das ist eine besondere Frau. Sie ist anders als alle anderen. Ich glaube, sie kann dir helfen, mit Gabriel in Kontakt zu kommen."

Sie musste sich gestehen, dass sie müde war von all den Reisen zu Heilern und Medien – aber dann hatte sie sich doch einen Termin geben lassen. Vielleicht weil die Stimme am Telefon so freundlich geklungen hatte. Irgendwie war ein Hoffnungsstrahl in ihr Herz gefallen, als sie den Hörer zurückgelegt hatte.

Sie parkte ihren Wagen und ging auf das dreistöckige Haus zu, das in einer beschaulichen Wohngegend lag. Die Praxistür war unverschlossen, und sie trat ein. Offensichtlich war noch ein Patient da, denn sie hörte Stimmen, die aus dem Sprechzimmer kamen. Sie nahm in einem kleinen Wartezimmer Platz und schaute aus dem Fenster.

Nach wenigen Minuten öffnete sich die Sprechzimmertür, und eine zierliche kleine Frau verabschiedete eine ältere Dame. Dann kam sie an die Tür zum Wartezimmer, lächelte sie freundlich an, streckte ihr die Hand zur Begrüßung entgegen und bat sie mitzukommen. Auch das Sprechzimmer war, wie die ganze Praxis, schlicht, aber geschmackvoll eingerichtet.

Strahlende, liebevolle Augen blickten sie an, und sie nahm auf einem Stuhl vor einem kleinen Schreibtisch Platz.

„Erzählen Sie bitte ein wenig von sich, damit ich mich auf Sie einstimmen kann."

Nur dieser schlichte Satz! –

Und Sabine begann zu erzählen. Bald flossen die Worte wie Ströme aus ihrer Seele, und das Leid der vergangenen beiden Jahre brach sich Bahn wie ein reißender Gebirgsbach. Manchmal musste sie innehalten, weil die Tränen über ihre Wangen liefen und der Schmerz sie zu überwältigen drohte.

Irgendwann spürte sie dann zwei zierliche Hände auf ihren Schultern, und eine Stimme sagte: „Es ist genug. Legen Sie sich jetzt bitte auf die Liege."

Sabine stand auf, und es schien ihr, als habe sie sich seit Monaten nicht mehr so erleichtert gefühlt. Sie legte sich auf die mit einer weichen Decke gepolsterte Liege und schloss unmittelbar die Augen.

Wie Schmetterlingsflügel strichen zwei Hände über ihren Körper, ruhten für einige Zeit über ihrem Herz-Chakra und verharrten dann über ihrem Kopf.

Eine unbeschreibliche Stille überkam sie und ein unsagbarer Frieden. Es schien ihr, als ob ein Engel seine Flügel um sie gelegt hatte. „Wie liebevoll er ist", dachte sie noch – und war eingeschlafen.

Sie träumte, wie der Engel sie an die Hand nahm und mit ihr aus dem Fenster schwebte, über die Dächer der Stadt hinweg, hinaus in die grüne Landschaft der Hügel und Täler des Allgäus. Doch plötzlich wurden die Szenen immer leuchtender, die Bäume und Seen immer transparenter. Sie stiegen empor in größere Höhen, und noch immer schien ihr lichter Begleiter hinter ihr zu sein.

Sie flogen durch große Wolkenfelder, als plötzlich ein riesiger himmlischer Vorhang vor ihr aufgezogen wurde. Dahinter erblickte sie ein wunderschönes, lichtüberflutetes Tal, beschirmt von einem schimmernden Regenbogen.

„Das Zeichen des neuen Bundes", dachte Sabine, während sie durch den Vorhang schwebte.

„Willkommen im Sommerland", vernahm sie die Stimme ihres himmlischen Begleiters.

„Willkommen in der Heimat der lichten Seelen. Hierhin kehren all jene zurück, die auf der Erde als Botschafter des Lichtes wirkten. Du wirst hier erwartet."

Sabine konnte ihre Augen nicht von den wundervollen Farben und Pflanzen abwenden. Die Blumen strahlten ein inneres Licht aus und verströmten einen wahrhaft paradiesischen Duft, der mit nichts vergleichbar war, was sie auf Erden kannte. Das Grün der Bäume und das Türkis der Flüsse, vor allem aber das Blau des Himmels, waren von unbeschreiblicher Schönheit. Und über allem wachten der Regenbogen und eine weiße Sonne, die wärmte, ohne zu blenden. Sie konnte ihre Augen zu ihr erheben, ohne dass die Helligkeit ihren Augen Schmerz bereitet hätte.

Sie berührte einige Blumen, die entfernt an Rosen erinnerten. Als sie liebevoll über ihre Blütenblätter strich, öffneten sie sich noch weiter, und ein betörender Duft entströmte ihnen.

„Deine Liebe lässt sie aufblühen. Alles wird hier von der Liebe belebt", vernahm sie wieder jene Stimme hinter ihr, die ihr allmählich schon vertraut vorkam.

„Doch komm, es ist nicht nur die Schönheit des Sommerlandes, die ich dir zeigen möchte. Du wirst, wie ich schon sagte, hier erwartet."

Sie fühlte einen leichten Druck auf ihren Schultern, und sanft wurde sie zum Regenbogen hingezogen.

Als sie näher kam, nahm die Intensität des Farbenspiels noch zu, und plötzlich öffnete sich wieder ein Lichtvorhang vor ihr, diesmal aber noch herrlicher und leuchtender als am Eingang des Tales. Und in seiner Mitte schwebte eine leuchtende Gestalt.

Ihr Herz begann heftig zu schlagen, als sie das glitzernde, türkisfarbene Wesen erblickte. Es schien ihr seltsam vertraut, obwohl sie es nie zuvor gesehen hatte. Während sie es verwundert betrachtete, begann es die glitzernden Flügel zu schließen, zog sich in eine Lichtsäule und dann in eine kleine leuchtende Kugel zusammen. Jetzt wurde das Licht so hell, dass Sabine für einen Moment die Augen schließen musste. Als sie sie wieder öffnete – stand Gabriel vor ihr.

„Willkommen in meiner Heimat, Mutter."

Sabine war so überrascht von der Verwandlung jenes leuchtenden Wesens in die Form ihres kleinen Sohnes, dass sie nur einen kurzen Schrei des Glücks ausstoßen konnte. Dann schloss sie überglücklich ihren Sohn in die Arme. Für Momente des Glücks vergaß sie alles. Aller Schmerz, alle Trennung, alle Ängste und Zweifel waren verflogen. Gabriel war nicht tot. Er lebte, und sie konnte bei ihm sein.

Liebevoll fühlte sie sich umarmt und gehalten, und als sie die Augen wieder öffnete, blickte sie in eine strahlende Lichtgestalt. Der kleine Junge Gabriel aber existierte nicht mehr.

„Gabriel?", fragte sie, verwundert aufblickend.

„Auch, aber noch viel mehr."

„Wer bist du denn wirklich?"

„Ein Bote aus dem Sommerland. Ein Dienender unter Dienenden. Doch ich will dir meine Welt zeigen und alle deine Fragen beantworten."

Sabine konnte später nicht mehr sagen, wie lange sie mit Gabriel durch das Sommerland geflogen war. Doch sie verstand, warum er zu ihr gekommen war. Der Schmerz und das Leid hatten sie reif werden lassen, um geistig zu erwachen. Die Zeit der Prüfung war nun vorüber, und sie konnte selbst zu einer Botschafterin zwischen den Welten werden. Gabriel war nur in ihr Leben getreten, um diese Verwandlung auszulösen. Doch von nun an würde er bei ihr bleiben und ihr helfen, all jenen Trost und Hoffnung zu schenken, die noch durch Leid und Kummer zu gehen hatten.

Irgendwann war dann der Zeitpunkt gekommen, an dem Gabriel ihr erklärt hatte, es sei nun an der Zeit, wieder zurückzukehren in ihren Erdenkörper. Er hatte sie begleitet zum Ausgang des Sommerlandes, und sie war durch die große Pforte getreten, über der bereits das Erdenlicht leuchtete.

Dann war sie erwacht, auf einer Liege, in einer kleinen Praxis im Allgäu.

„Willkommen, zurück aus dem Sommerland!"

Sabine wollte sich bedanken für das einzigartige Erleben, das ihr jene wundervolle Heilerin und Eingeweihte hatte zuteil werden lassen, doch diese lächelte nur und lehnte jeden Dank ab.

„Träume sind frei, und Besucher im Sommerland müssen am Tor keinen Eintritt bezahlen, wenn der Wächter sie passieren lässt."

Bei diesen Worten mussten beide Frauen lachen und fielen sich in die Arme.

Als Sabine die sanften Berge hinauffuhr und die kleine Stadt in der Abendsonne hinter ihr zurückblieb, verstand sie, warum diese Landschaft das All-gäu hieß. Hier gab es ein verborgenes Tor ins All und auch Menschen, die es zu öffnen verstanden. Was für ein Geschenk war es, ihnen begegnen zu dürfen!

DER KOSMISCHE HIRTE

Kristallsilbern glänzte der Schweif von Jabrilea im Sonnensystem der Pharanen. Kosmische Gewandung einer Planetenseele, übergehend in zartes Arneol, einer Farbe, die nur im planetarischen Reich der Pharanen existierte, da es einer bestimmten Schwingungsmischung zu ihrer Entstehung bedurfte.

Jabrilea befand sich auf der Wanderung durch die Straße der Thurinen, jener Sphäre, die auch das Reich der Pharanen einschloss. Jabrilea konnte die Dauer ihrer Reise nicht mehr nennen, da sie vergeblich versucht hatte, in der Geschichte ihres Bestehens einen Anfang zu finden. Immer erkannte sie beim Versuch eines Rückschreitens in die Entstehungstiefe des eigenen Seins, wie sie stets den Grenzen ihrer individuellen Form verhaftet blieb. Sie vermochte ihre gegenwärtige Daseinsform weder rückwärts- noch vorwärtsschreitend zu überwinden. Stets blieb der Endpunkt der Beginn ihrer Reise als Planet im Pharanensystem.

Im Hinblick auf das Ziel ihrer Wanderung schien die Grenze offener zu sein. Es war ihr, als folge sie einem inneren Ruf, dessen Ursprung sie nicht zu erklären vermochte und dessen Erfüllung in kosmischer Ferne zu liegen schien. Zudem vermochte Jabrilea sich kein Bild vom Ende ihrer Reise zu machen. Doch sollte es ihr das Erleben einer noch innigeren Seligkeit schenken als sie ihr bisher bewusst war, während sie in majestätischer Schönheit ihre Bahn zog.

Ahnend dem Mysterium der Offenbarung entgegen, klangen die Silberkristalle ihres planetarischen Umhanges in himmlischer Harmonie, reihten sich ein in den Chor der Sternenwanderer, die die Straße der Thurinen durchzogen.

So floss ein Strom ungezählter Planetenseelen in klingender Schar durch die Raumestiefen. Lichtgeschwister auf dem Lichtpfad, fortschreitend von Sonnenreich zu Sonnenreich, stets strahlender werdend, in immer neuer Klangfülle glückseliger Harmonie geistiger Einheit.

Jabrilea vernahm im Klang der Lichterchöre den Namen des Zieles, dem sie alle zustrebten – das Sonnentor von Iristhalandor.

Iristhalandor war die Mysterienstätte für ein ihnen unfassbares kosmisches Reich. Als Jabrilea den Namen vernommen hatte, erschaute sie, wie sich ein sirialfarbenes Lichtband vor ihr bildete, das den Weg zu einer Lichtfeuerquelle zu weisen schien, von der sie hoffte, es möge das Sonnentor von Iristhalandor sein.

Jubilierend erschallte ihr Glockengewand, funkelte Strahlentöne im areolischen Glanz.

Während die tönende Lichtwelle in den Raum ausstrahlte, schien es Jabrilea, als vernehme sie in der Ferne ein Echo gleicher Schwingung. Es war aber kein Echo. Sie lauschte einem Klangmeer von Strahlentönen, die exakt den ihrigen entsprachen. Areolisches Licht leuchtete auf, und ein Planetenkind, gleicher Wesensart, zog mit ihr seine Bahn. Klangfarben offenbarten ihr den Namen ihres neuen Gefährten – Jabrilan.

Wie tiefstes Erkennen senkte sich der Klang in Jabrileas Bewusstsein. Erstmals schien es ihr, als sei jene Grenze der Rückerinnerung durchbrochen, die bisher unüberwindlich schien. Ein Ahnen von urzeitlicher Verbindung durchlohte Jabrilea, es war ihr, als hätte sie einen Gefährten auf ewiger Reise wiedergefunden, einen Gefährten, der ihr Begleiter seit den „Tagen der fernen Quelle" gewesen war.

Gemeinsam folgten sie dem sirialfarbigen Band, dem Sonnentor entgegen. Immer mehr Planetengeschwistern begegneten sie. Lichtwesen, mit ihnen auf gleichem Pfad. Stetig nahm die Helligkeit zu, vermittelte ihnen die Gewissheit, sich dem ersehnten Ziel zu nähern. Die Symphonie der kosmischen Wanderer verstärkte sich zu einem Chor der Äonen, als sie Iristhalandor erreichten.

Ein Sonnenbogen von Farbenfülle, wie er allen Himmelspilgern bisher gänzlich unvorstellbar war, breitete sich in firmamentener Mächtigkeit vor ihnen aus. Seinem Zentrum entströmte ein Lichtfeuer, das die Schar der Wanderer überflog, und alle, die es streifte, durchschritten das Sonnentor.

Die Kristallglocken Jabrileas und Jabrilans verstummten in Ehrfurcht; zu gewaltig war das Geschaute, was sich ihnen offenbarte. In Demut verharrten sie vor dem kosmischen Heiligtum. Als das Lichtfeuer sie streifte, durften auch sie das Einweihungstor durchschreiten.

Kaum hatten sie die Sonnenpforten erreicht, da vermochten sie rückschauend zu erkennen, welcher Weg hinter ihnen lag. Ausgehend aus dem Herzen der Kos-

© März 2001

mischen Quelle, waren sie als Funkenkinder durch die verschiedensten Schöpfungsformen geschritten, waren aufgestiegen von Lichtreich zu Lichtreich, bis sie zuletzt als Planetenseelen ihren Weg fortsetzten. Jetzt hatten sie Iristhalandor erreicht, von wo aus ein neuer, noch herrlicherer Weg vor ihnen liegen sollte.

Als sie das Tor passierten, berührte sie der Hauch des „Herrn der Quelle“, und sie erschauten, wie sie mit anderen, zahllosen Scharen wanderten, auf dem ewigen, unendlichen, kosmischen Pfad, immer geführt und bewahrt von Göttlicher Hand – vom kosmischen Hirten.

DAS SIRIANISCHE SONNENSCHLOSS

Die Glocken der Innenwelten ertönten in feierlichem Klang. Sphärisches Glockenspiel in himmlischen Welten, heilige Symphonie der Devas. Engel der Töne, Gandharvas, die Devas der Musik, vibrierten durch endlose Räume. Sie bewirkten die Töne nicht durch ihr Spiel, sie verkörperten sie. Jede der Gandharvas ließ den ihr allein zugeeigneten göttlichen Ton erklingen, lebte Musik. Sein war Klang. Bewusstsein verschmolz mit tönender Harmonie.

Der Zug der Musik-Devas barg eine Botschaft – Gedankenflug unter Geistgeschwistern. Stille kehrte ein im Reich der Innenwelt. Andächtig lauschte die Heerschar der Leuchtenden.

Botschaft vom Sonnenschloss. Der sirianische Lichtherr rief zur Zusammenkunft aller Devas der Innenwelten. Devas der materiellen Welten – die Herren der Natur. Devas der gestirnten Reiche – die Hüter der Flammen. Die Lenker der kosmischen Ströme und die Devas der Heiligen Bücher – die Wächter des Gedächtnisses der Innenwelt. Devas der Liebe und Devas des Lichtes – ohne Zahl war die Schar der durchlichteten Wesen in geistigen Reichen. Sie alle durchklungen von Gandharva-Vibrationen, lichtwärts gerichtet in der Einheit des All-Geistes.

Die Pilgerströme der Deva-Scharen zogen auf strahlender Bahn. Sternenferne das Sonnenschloss, verharrend in seliger Erwartung der kosmischen Geschwister. Wogendes Licht ergoss sich durch flammende Innenweltsphären.

Geborgen in strahlenden Strömen glückseligen Einsseins, kehrten die Hüter der kosmischen Welten heim auf himmlischen Schwingen – heim ins sirianische Reich.

Der sirianische Lichtherr hütete ein Innenweltreich, dessen Größe keinem der Devas bekannt war. Seine Bewusstseinsfülle, Abbild der Unermesslichkeit des ewigen Einen, war Ziel und Verheißung ihnen allen. Sie wussten, auch ihr Weg

© Mai 2002

Einige aber kehrten nicht zurück. Sie nahm der sirianische Lichtherr mit auf andere Wege. Ihre Aufgaben als Devas waren zu einem Ende gekommen. Neues, noch beglückenderes Wirken erwartete sie, während ihre Geschwister wieder zurückzogen.

Lichter waren sie geworden, und innigere Liebe als zuvor verband sie. Jene, die zurückkehrten, und jene, die weiterzogen. Alle waren sie auf dem Lichtweg zur QUELLE, und die Glückseligkeit der Harmonie des Einen verband sie. Lichtgeschwister auf dem endlosen Heimweg, untrennbar, allliebend, ewig verbunden als Kinder des Göttlichen Vaters.

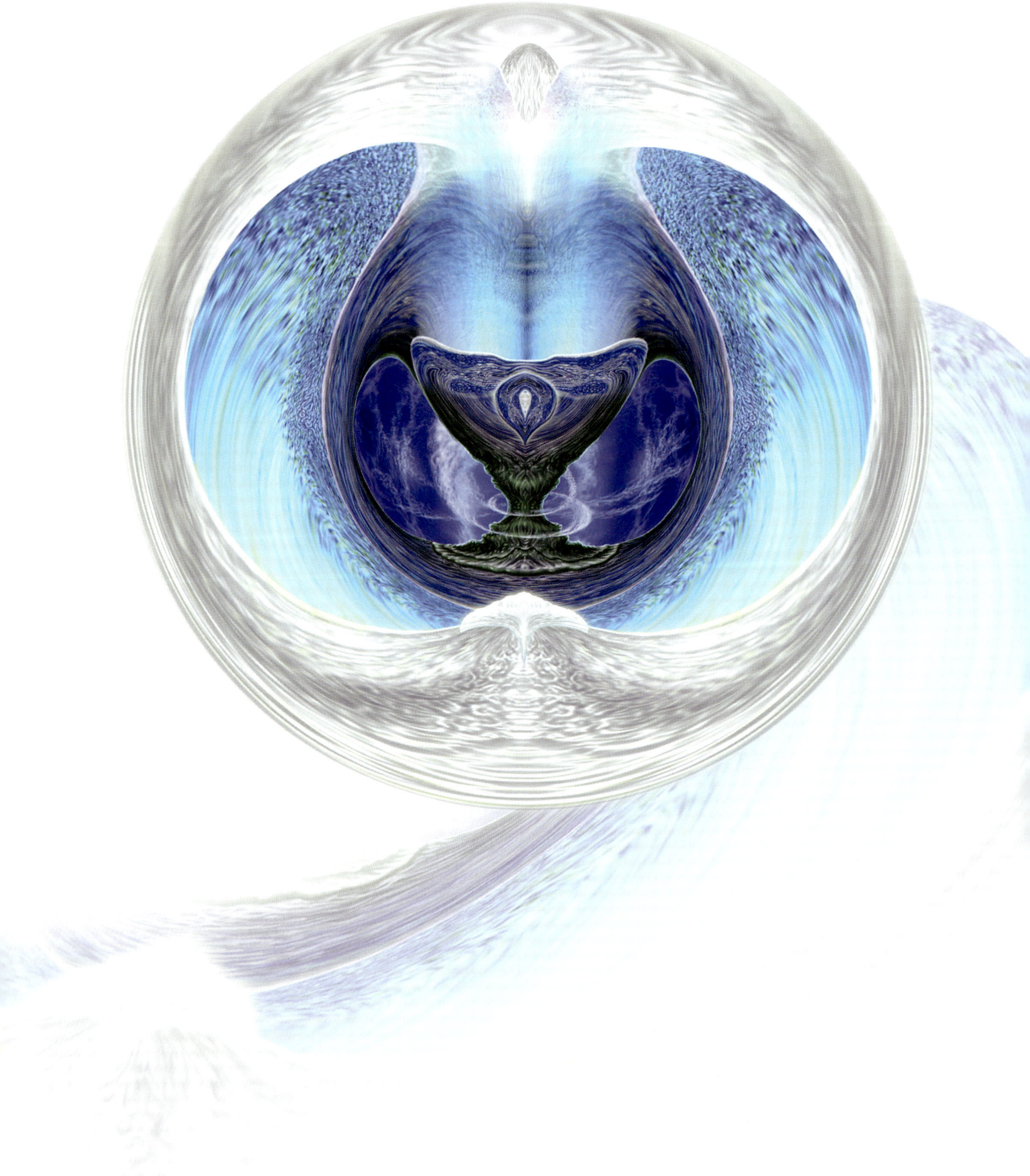

DER KOSMISCHE GRAL

Herr, forme mich zum Werkzeug Deines Friedens!
Wo Hass herrscht, lasse mich Frieden säen.
Wo Verletzung wirkt, lasse mich Verzeihung bringen.
Wo Zwietracht waltet, lasse mich Eintracht schaffen.
Wo Irrtum verwirrt, lasse mich Wahrheit offenbaren.
Wo Zweifel nagt, lasse mich Glauben erwecken.
Wo Verzweiflung quält, lasse mich Hoffnung schenken.
Wo Dunkelheit verdüstert, lasse mich als Licht leuchten.
Wo Traurigkeit schmerzt, dorthin lasse mich Freude tragen.

Oh Göttlicher Meister, lasse mich nicht danach trachten,
getröstet zu sein, als vielmehr trösten zu dürfen;
nicht verstanden zu werden, als vielmehr zu verstehen;
nicht geliebt zu werden, als vielmehr zu lieben.

Denn nur im Geben, vermögen wir wahrhaft zu empfangen,
Und nur in der Selbstvergessenheit finden wir rechtes Verständnis.

Im Vergeben finden wir selbst Vergebung,
Und im Sterben durchschreiten wir das Tor zum ewigen Leben.

Franz von Assisi

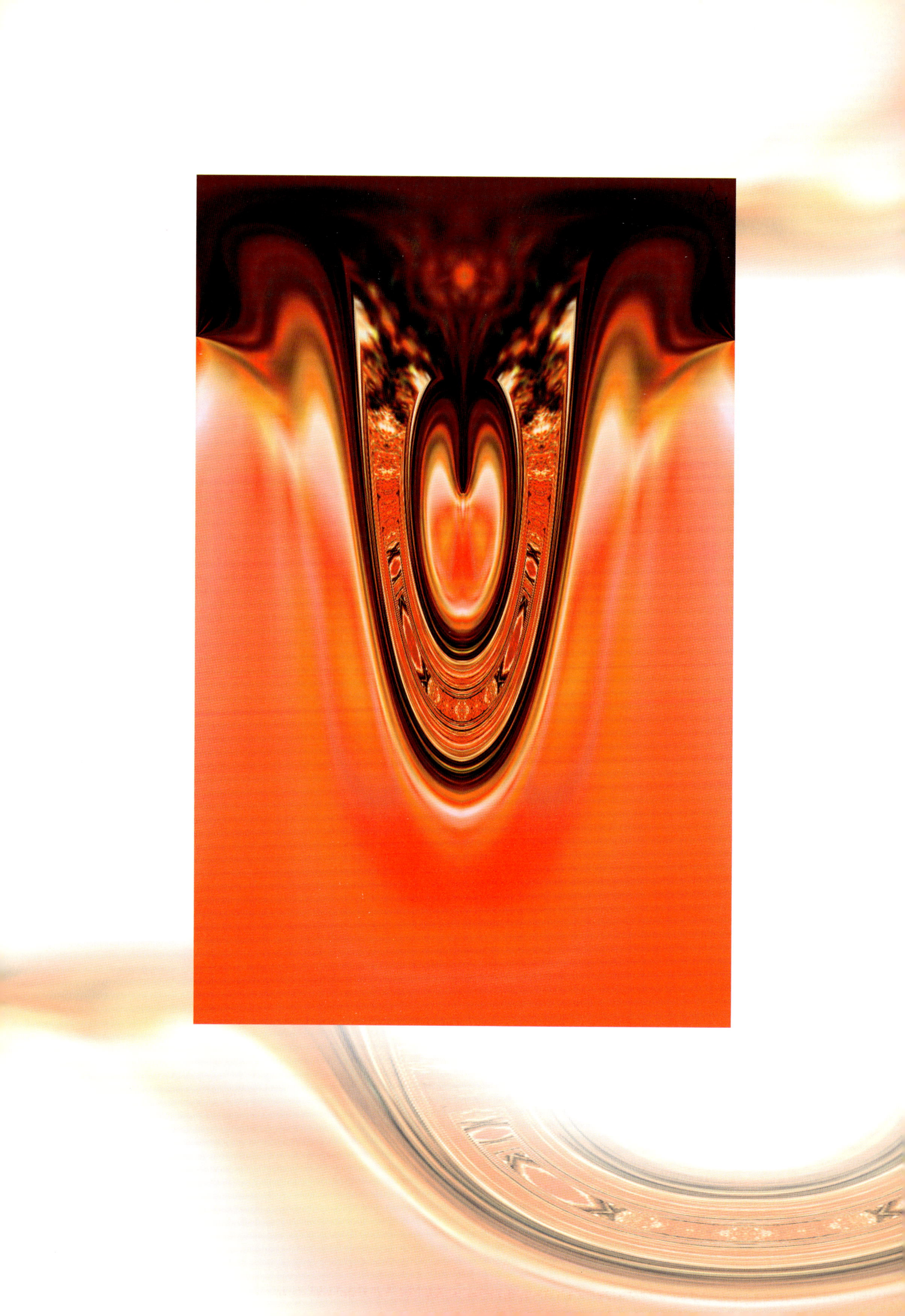

DER KÖNIG DER SALAMANDER

Engel haben keine Namen – zumindest keine, welche den Menschen bekannt sind. Über die Anrufung ihrer wahren, himmlischen Namen könnten die Menschen den Zutritt in ihr Reich erzwingen, was, angesichts der geistigen Reifestufe der Menschheit, zu großem Unheil führen würde. So tragen die Engel, von denen hier die Rede ist, noch immer die Namen, welche ihnen von jenen wenigen Sehenden unter den Erdenwesen gegeben wurden, die ihr Wirken erschauen durften. Sarbiel und Koratinus gehörten jener machtvollen Engelschar an, denen die Überwachung ganzer Länder auf der Erde oblag. Sie waren Länderengel, auch „Devas der Nationen" genannt.

Den Länderengeln kam die Aufgabe zu, das gesamte Karma eines Landes zu verwalten und zu bestimmten Zeiten die negative oder die positive Waagschale Oberhand gewinnen zu lassen.

Wie einst Anubis über die sieben fetten oder die sieben mageren Jahre entschied, womit die Eingeweihten Ägyptens das Wirken des karmischen Gesetzes beschrieben, so vollzogen Sarbiel und Koratinus die göttliche Gerechtigkeit in ihren Ländern. Sie zählten zu den Erfahrensten in ihrem Rang, weshalb sie die Betreuung zweier schwieriger Gebiete zugeteilt bekommen hatten. Sie unterstanden unmittelbar den gewaltigen „Herren des Karma", die über die allgültigen Gesetze des Lebens wachten.

Die Länder von Sarbiel und Koratinus lagen in der Nähe eines großen Meeres, und seine Bewohner waren seit Jahrhunderten miteinander verfeindet. Über Generationen hinweg hatte sich so großer Hass gegeneinander aufgebaut und dunkle Wolken in den ätherischen Sphären über den beiden Ländern aufgetürmt. Grässliche Gedankenformen und überaus zerstörerische Energiefelder zogen in großer Nähe über die Erdsphäre, die doch von so großer landschaftlicher Schönheit geprägt war. Zahllose Wasserwesen und Pflanzendevas hatten einen wundervollen Erdengarten gestaltet.

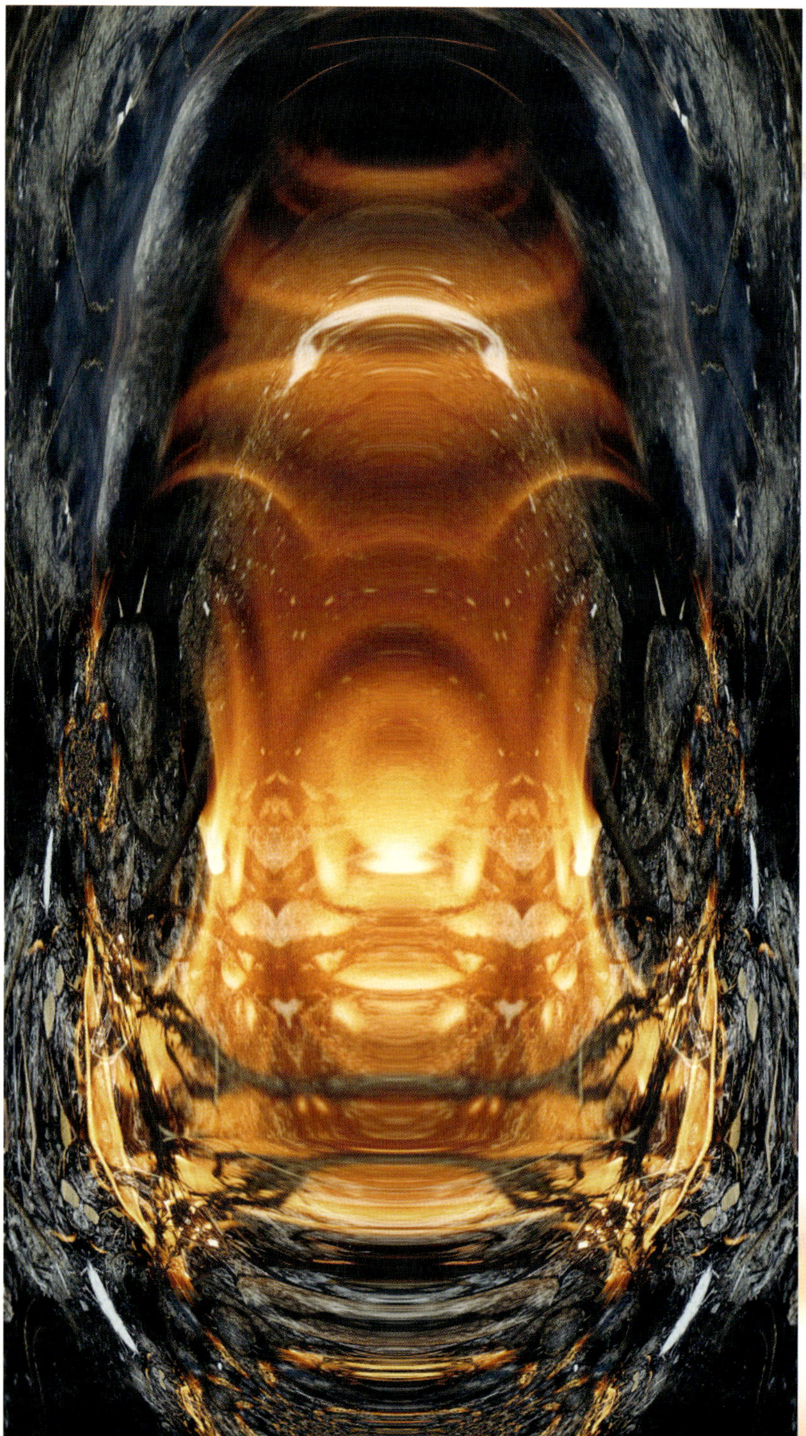

Doch alles Bemühen der emsigen Naturwesen vermochte die entstandenen Schatten nicht aufzulösen, zumal die Menschen in ihren Ländern lieblos und unachtsam mit der Schönheit der Natur umgingen.

So war wieder einmal der Zeitpunkt gekommen, an dem Sarbiel und Koratinus dem großen Gesetz Folge leisten mussten. Das, was ausgelöst worden war, würde zur Erfüllung kommen. So begaben die beiden Engel sich zum Roten Tor, um die Salamander aufzusuchen.

Das Rote Tor lag in einer Sphäre des Engelreiches, die von den Lichtwesen nur dann aufgesucht wurde, wenn es erforderlich war, das GESETZ zu vollziehen. Es glich einem flammenden Himmelsportal, dessen äußere Pforte reich verziert war und eine selbst den Engeln unbekannte Schutzsymbolik aufwies. Das Reich der Salamander war streng von der Welt der Engel getrennt. Eine Trennung, die ausschließlich auf Wunsch der Salamander erfolgt war. Von allen Naturwesen waren die Salamander am höchsten entwickelt, zugleich aber auch am wenigsten anderen Wesen zugeneigt. Sie verfügten über gewaltige Kräfte, die aber ausschließlich dazu dienten, alte Formen aufzulösen und Schaden bringende Wesen zu zerstören. Da die himmlischen Sphären weitgehend im Einklang mit dem GESETZ lebten, erstreckte sich ihr Wirken vorrangig auf die Erdenwelten.

Ihr Element war das Feuer – und ihr Werkzeug die Flamme. Die Flamme der Läuterung und das Feuer der Auflösung. Beide wirkten so überaus machtvoll, dass auch die Naturwesen der Erde, des Wassers und der Luft respektvollen Abstand zur feurigen Welt der Salamander hielten.

Sarbiel und Koratinus näherten sich dem Roten Tor und wurden vom Lichtstrom des inneren Portals ins Reich der Salamander gezogen. Die äußeren Pforten hatten zuvor überprüft, wer Einlass begehrte. Dies löste bei den beiden mächtigen Engeln stets ein himmlisches Lächeln aus, denn in der kosmischen Hierarchie unterstanden natürlich auch die Salamander den Engeln des Allerhöchsten.

Das Rote Tor führte in ein hoch aufragendes Gewölbe, dessen tief dunkelblaue Wände und Decken einen flammenden Lichttunnel umrahmten, der sich in eine ferne Welt erstreckte. Der Lichttunnel erstrahlte in einem rot-goldenen Flammenschein, ohne jedoch die geringste Wärme zu entwickeln. Es war ein klares, aber kaltes Lichtfeuer.

Sarbiel und Koratinus folgten dem Lichttunnel, ohne auf ihrem Weg irgendwelchen Wesen aus der Welt der Salamander zu begegnen. Die Pforten in deren Reich waren zwar streng bewacht, aber die Wächter blieben unsichtbar. Vielleicht hielten sie sich aber nur deswegen verborgen, weil sie die Besucher aus dem Reich der Engel gut kannten.

Sarbiel und Koratinus wussten, dass die gewaltige Läuterungsaufgabe, vor der ihre Länder standen, einen großen Einsatz von Seiten der Salamander erforderte, so dass sie diesen zuvor mit ihrem König besprechen mussten. Da auch Salamander, wenngleich die ältesten unter den Naturwesen und jene mit der größten Lebenszeit, nicht unsterblich waren, wählten sie immer dann, wenn der amtierende Herrscher in die Linie der Engel aufgestiegen war, einen neuen König. Rohanhar VII. war schon seit Jahrhunderten im Amt, und viele Male waren Sarbiel und Koratinus bereits mit ihm zusammengetroffen.

König Rohanhar erwartete sie in seinem Thronsaal, der am Ende des Lichttunnels lag. Es war ein prachtvolles Gebilde aus flammenden Lichtnischen und dunklen Seiten- und Deckenbögen, die aber nicht starr und fest waren, sondern sich in ständiger Bewegung befanden. Nichts in der Welt der Salamander war unveränderlich. Alles war in ständigem Wandel und Neubeginn begriffen.

„Nichts ist beständig“ – stand in der geheimnisvollen Symbolsprache der Salamander über dem Thronsaal geschrieben. Dies zeigte ihr Verständnis des Lebens und beschrieb zugleich ihre Aufgabe. Sie waren die Werkzeuge der Auflösung und Veränderung.

Rohanhar VII. begrüßte Sarbiel und Koratinus freundlich und würdevoll, wobei es ihm keine Schwierigkeiten bereitete, sein Bewusstsein auf die Höhe der Engel zu erheben; würde doch auch er schon bald in ihre Scharen aufgenommen werden.

Als die beiden Länderengel ihm die Botschaft der „Herren des Karma“ überbrachten, wurde König Rohanhar sehr ernst. Diese Mission würde die Zerstörung großer Landstriche bedeuten und die Auflösung vieler Erdenkörper. Es bedurfte großer Umsicht und die Hilfe aus der Engelwelt, um das große Werk völlig im Einklang mit dem göttlichen Plan zu vollziehen. Er blickte die beiden Engelwesen an und verstand, dass die Waagschalen des Schicksals sich von Liebe zu Gerechtigkeit geneigt hatten. Zu mächtig musste das Negative geworden sein, um es ohne Schaden für die Menschheit als Ganzes fortbestehen lassen zu können.

Rohanhar VII. schwieg eine lange Zeit mit gesenktem Blick und mit geschlossenen Augen. Dann erhob er sich und sprach: „Wir sind bereit!"

Er bat Sarbiel und Koratinus, ihm zu folgen und führte sie in die „Kammer des Königs". Nur bei besonderen Anlässen hatte Rohanhar die Engel bisher in diese verborgene Kammer gebeten, wo das „Allsehende Auge" der Salamander stand. Von hier aus konnte der König nicht nur seine flammende Schar leiten, sondern es war ihm auch möglich, das Gesamtgeschehen auf Erden in allen Einzelheiten zu beobachten sowie die karmischen Verbindungen aller Erdengeschöpfe mit den geistigen Welten zu erkennen.

Sarbiel und Koratinus blickten in das irisierende blaue Licht des „Allsehenden Auges" und erschauten zahllose Scharen von Salamandern und Engeln, die bereit standen, um das Gesetz des Karma zum Vollzug zu bringen und eine große Läuterung auf Erden durchzuführen.

König Rohanhar blickte noch einmal auf die beiden Lichtboten der „Herren des Karma", und als kein Einspruch erfolgte, gab er das Zeichen.

Wenige Stunden später brach der Krieg aus.

© Feb. 2002

Der Tempel der Elfen

Shiharly war eine Blumenelfe, und zwar eine äußerst selbstbewusste und ungebändigte. Ständig steckte sie in Problemen und bereitete dem Deva, der sie und ihre Gruppe von Blumenelfen leitete, erhebliche Kopfschmerzen – falls es so etwas bei Devas überhaupt gab. Shiharly war noch nicht lange im Elfenreich. Zuvor hatte sie als kleines Luftwesen im Pflanzenreich gewirkt, ehe sie ihre zarte Elfenseele erhielt. Zwar wirken alle Naturwesen im Einklang mit dem großen Plan des Lebens, aber dennoch können sie innerhalb ihres Reiches über einen nicht unerheblichen Freiraum verfügen. Andernfalls wäre auch in einer Welt, deren Wesen durch Dienen reiften, kein Wachstum möglich. Daher musste ihr Deva immer wieder einmal ihr ungezügeltes Temperament bremsen, sonst hätte es möglicherweise Rosenstengel mit Nelkenblüten gegeben. Soweit durfte er es nun doch nicht kommen lassen.

Die Elfen durften die inneren Muster erschauen, für deren Umsetzung sie im Pflanzenreich zuständig waren. Aber nur die Fortgeschrittensten unter ihnen kannten die Zusammenhänge von Idee und Gestalt, von Geist und Form. Junge Blumenelfen, wie auch Shiharly eine war, konnten nur die Formen nachbilden, die sie als Vorlage in den ätherischen Gärten und Wiesen erschauten.

Doch Shiharly entwickelte eine bemerkenswerte und ungewöhnliche Kreativität für ein so junges Geschöpf im Elfenreich, dass Dhyani, der zuständige Deva ihrer Gruppe, sich manchmal eines bewundernden Schmunzelns nicht enthalten konnte, wenn er gezwungen war, ihren gestalterischen Eskapaden Einhalt zu gebieten. Es war mehr als ungewöhnlich, wenn ein so junger Naturgeist, wie die Blumenelfe Shiharly, eine solche außergewöhnliche Gestaltungskraft in einem so frühen Evolutionsstadium zeigte.

Dhyani hatte mit seinem Engel gesprochen und ihm von der aufmüpfigen kleinen Elfe erzählt.

„Ich habe von ähnlichen Fällen in anderen erdnahen Sphären gehört. Es scheint so, als ob die große KRAFT schon früher in die jungen Naturgeister einströmt, als es noch vor zwei oder drei Äonen der Fall war. Der große Plan des Lebens beginnt auf der Erde einen neuen Zyklus, und es ist unverkennbar, dass alle Wesen, die mit dem Erdreich verbunden sind, von einer verstärkten kosmischen Lichteinstrahlung erfüllt werden. Dies führt dazu, dass auch die IDEEN früher erschaut werden, als es zu unserer Zeit als Naturgeister oder Devas der Fall war. Ich denke, du darfst Shiharly schon jetzt mit zum Tempel bringen."

Dhyani war überrascht gewesen von dieser Aufforderung, aber er freute sich für Shiharly, denn er wusste, sie würde begeistert sein von dieser Auszeichnung.

So war es auch. Shiharly kugelte vor Begeisterung wie ein Irrwisch durch ihre kleine Blumenwelt und wäre am liebsten sofort aufgebrochen, um zum „Tempel der Elfen" zu fliegen. Doch Dhyani musste ihr klarmachen, dass sie sich noch zu gedulden hatte.

Heute war es nun so weit. Shiharly wartete bereits über einer ihrer Lieblingsrosenhecken, als Dhyani kam, um sie abzuholen.

Der „Tempel der Elfen" war ein Ort, den die Blumenelfen nicht von sich aus erreichen konnten, sondern nur mit Hilfe ihres Devas war es ihnen möglich, die Eigenschwingung so zu erhöhen, dass der Tempel sichtbar wurde.

Dhyani war mit Shiharly auf eine kleine Lichtung geflogen und umhüllte sie dort mit seinem Lichtglanz. Sie spürte ein durchdringendes Licht, ähnlich dem ersten Sonnenstrahl, der auf den Morgentau traf. Damit einher ging ein Gefühl großer Leichtigkeit und glücklicher Beschwingtheit. Die Wiese verblasste allmählich, und vor ihr tauchte der „Tempel der Elfen" aus einem Farbenspiel von rosa und grünen Tönen auf. Die Wachttürme formten sich in ihrer gewölbten, machtvollen Stärke, und das große Silberportal wurde allmählich sichtbar. Sie schwebten darauf zu und sahen, wie sie das „Auge des Hüters", das sich auf dem rechten Torflügel befand, sorgfältig überprüfte.

Erst als diese Schutzmaßnahme abgeschlossen war, durften sie den Tempel betreten. Sie schritten durch das Tor und folgten einem langen Gang, an dessen Ende sie ein leuchtendes Wesen erwartete. Angesichts seiner Majestät und Erhabenheit verlor Shiharly doch schnell ihre Selbstsicherheit und Kühnheit. Diese

wundervolle Lichtgestalt musste ein Blumenengel sein, für Elfen wie Shiharly das höchste Wesen, das sie sich vorstellen konnte. Sie näherte sich ihm voller Ehrfurcht, nachdem es Dhyani und ihr liebevoll zugewunken und sie herangebeten hatte.

„Willkommen in meinem Reich, Shiharly. Ich habe von Dhyani über deinen ungewöhnlichen Einfallsreichtum gehört. Dein Bemühen ist uns, wie du siehst, nicht entgangen. Deine Seele ist noch jung, aber dein Wollen führt dich zum LICHT empor. So soll es dir heute gestattet sein, Einblick zu nehmen in die Welt der IDEEN, ins Reich des reinen Geistes, der schöpferischen Welt, in der auch deine Blumengeschöpfe ihre wahre Heimat haben.

Neue, ungeahnte Geheimnisse wirst du erschauen dürfen, und wir erhoffen uns von dir, dass du dieses Geschenk des Wissens nutzen wirst, um dein kleines Pflanzenreich weiter zu verschönern.

Doch wisse, Erkenntnis fordert Verantwortung! Von nun an wirst du von uns mit anderen Augen gesehen als deine Geschwister im Reich der Blumenelfen. Erweise dich dieser Herausforderung gewachsen und würdig des Segens, der dir zuteil wird."

Mit diesen Worten schwebte er davon und gab Shiharly und Dhyani ein Zeichen, ihm zu folgen. Der große Gang begann sich zu erweitern und mündete in eine glitzernde Lichtgrotte, in deren Mitte sich ein funkelndes Tor zeigte.

„Tretet ein durch das Blütentor", rief der Engel ihnen zu und unterstrich diese Aufforderung durch ein silbernes Lichtband, das sich aus seinem Herzen zu ihnen schlängelte und sie sanft durch das Tor zog.

Hinter dem Blütentor lag eine pulsierende Lichtwelt, die von flammenden Lichtströmen durchzogen wurde. Shiharly spürte die machtvolle Kraft, die sich an diesem

heiligen Ort offenbarte, und folgte Dhyani und ihrem Führer voller Ergriffenheit. Er geleitete sie in die Mitte des leuchtenden Gewölbes, in dem ein geheimnisvoller Altar aufragte. Er schien in der Luft zu schweben, während große kosmische Lichtfeuerströme ihn von oben und unten ständig mit neuer Energie speisten.

„Kommt und schaut", forderte der Engel Shiharly und Dhyani auf – und sie traten näher.

Es bedurfte einer gewissen Anpassung, ehe sie das flammende Licht ertragen konnten und die geheimnisvolle Form des Altars zu unterscheiden vermochten. Er bestand aus einer verzierten Mittelplatte, die an den Seiten von zwei kleineren und zwei größeren Lichtamuletten umrahmt wurde. Während sie schauten, begann die Mitte des Altars aufzuflammen, und in ihrem Herzen formte sich eine Blüte von einzigartiger Schönheit.

„Wie wundervoll!", rief Shiharly begeistert aus. „Was ist das? So etwas Herrliches habe ich noch nie zuvor erblickt. Nichts Vergleichbares existiert in unserem Pflanzenreich!"

Shiharly konnte ihre Aufregung kaum bemeistern.

„Eine Schaladee", erklärte ihnen der Engel. „Oder vielleicht sollte ich besser sagen, die Idee einer Schaladee; denn noch ist sie nicht in die Formenwelt eingetreten. Dies wird dir obliegen, Shiharly", fügte der Engel hinzu.

Ergriffen beobachtete Shiharly das Mysterium der Geburt einer neuen Blume und verstand nun, auf welche Weise der große Garten des Lebens gestaltet wurde. Sie prägte sich alles ganz tief in ihre zierliche Elfenseele ein, und als der Engel Dhyani und sie aufforderte, dass es nunmehr Zeit zum Abschiednehmen sei, war sie sicher, es würde ihr gelingen, in ihrem Reich eine Schaladee zu erschaffen.

Dhyani begleitete sie noch zu ihrer Rosenhecke, nachdem sich der Engel vor dem Tempel verabschiedet hatte. Überglücklich bedankte sich Shiharly bei Dhyani für sein Vertrauen und ging an die Arbeit.

Die Schaladee sollte wunderschön werden.

© Feb. 2002

E X C A L I B U R

Joseph von Arimathäa fröstelte. Er hatte seinen schweren Fellmantel fest um sich gewickelt, aber die feuchte Kälte vor der Küste Britanniens nahm unaufhaltsam Besitz von seinem ermüdeten Körper. Seit einer Stunde musste das kleine Schiff zudem mit Nebelbänken kämpfen, die sich immer wieder wie kleine Wolkenschleier vor ihnen auftürmten. Dies bereitete der Mannschaft die größten Sorgen, weil sie befürchtete, die Fackelsignale von der Küste nicht erkennen zu können und so nach wochenlanger Fahrt auch noch ihr Ziel zu verfehlen.

Die ersten vorgelagerten kleinen Felsbänke tauchten vor ihnen auf, die sie bei langsamer Fahrt behutsam umschifften. Ganz allmählich lichtete sich auch der Nebel, und sie konnten die schattenhaften Umrisse der Westküste Britanniens erkennen.

Joseph von Arimathäa unternahm diese Fahrt zwar bereits zum dritten Mal, aber noch nie war er in der Dunkelheit eingetroffen. Jede Felsformation der Steilküste sah wie die andere aus, und er musste sich eingestehen, nicht zu wissen, wo sie sich befanden. Wohl hatte er seinen keltischen Freunden sein Kommen für die Zeit nach der Sonnenwende angekündigt, aber natürlich war es nicht möglich gewesen, einen genauen Tag zu bestimmen, denn zu unvorhersehbar war die lange Überfahrt von Alexandria nach Britannien.

Er zweifelte aber nicht, dass auf dem hohen Felsen vor der Druidensiedlung das Signalfeuer bedient würde. Es war weithin sichtbar, selbst bei ungünstigen Witterungsbedingungen. Wenn ihre Berechnungen nicht vollständig falsch waren, mussten sie bereits ganz in der Nähe ihres geplanten Landeplatzes sein.

Trotzdem war Josephs Erleichterung groß, als der Mann im Ausguck nach wenigen Seemeilen ein Lichtsignal meldete. Joseph ließ das eigene Leuchtfeuer entzünden und begab sich hinauf zum Steuermann. Da er bereits zweimal den kleinen Hafen der Westküste angelaufen hatte, kannte er die wenigen gefährlichen Untiefen der Bucht und half den Seeleuten, sie unbeschadet zu umschiffen.

Als sie sich dem felsigen Strand näherten und das Beiboot fertig machten, um an Land zu gehen, sah Joseph, dass einige Männer bereits die Felsen hinunter kletterten. Sie trugen alle Fackeln und waren so leicht auszumachen. Wie sehr hoffte er, sein guter Freund Brogennan würde einer von ihnen sein.

Als das kleine Boot auf den glatten Kieseln aufsetzte, hatten die Männer mit ihren Fackeln nur noch wenige Felsstufen zu überwinden, um den Strand zu erreichen. Joseph nahm seinen länglichen Bastkorb, warf ihn über die Schulter und sprang in das flache Wasser. Er eilte auf das Ufer zu, das fast zur gleichen Zeit der erste Fackelträger betrat. Joseph machte noch drei schnelle Schritte, breitete dann die Arme aus und rief: „Brogennan!“

Nur wenige Augenblicke später lagen sich die beiden Männer in den Armen. Nicht zuletzt wegen des weisen Druiden hatte Joseph von Arimathäa die weite Fahrt auf sich genommen. Er hatte ihn liebgewonnen wie einen Bruder, vor allem als sie beide am Jordan und in Jerusalem zu Füßen jenes großen Mannes gesessen hatten, den sie beide als ihren Meister anerkannten.

Brogennan wollte Joseph gar nicht wieder loslassen, und so musste dieser ihn ein wenig von sich schieben.

„Komm, mein Bruder, lass' uns gehen. Ich habe dir viel zu erzählen. Vor allem aber sehne ich mich nach einem wärmenden Feuer und einer guten Mahlzeit für mich und meine tapferen Seeleute.“

„Das sollst du alles bekommen, teurer Freund! Komm, gehen wir! Es wird alles für euch bereitet werden. Welche Freude und Ehre für unsere Gemeinschaft, den besten Freund unseres geliebten Meisters als Gast in unserer Mitte zu haben.“

Die kleine keltische Gemeinschaft hatte ihre Ansiedlung nicht weit von der Küste entfernt am Rande eines kleinen Steinkreises errichtet, so dass Joseph von Arimathäa und Brogennan die Hütten schon nach zwanzig Minuten erreichten. Obwohl die meisten der Bewohner sich schon zur Ruhe begeben hatten, waren nach wenigen Augenblicken alle wieder auf den Beinen, nachdem sich herumgesprochen hatte, wer die Neuankömmlinge waren.

Wenngleich die Gastfreundschaft gebot, Joseph und seine Mannen erst einmal mit Speise und Trank zu bewirten, so konnte Brogennan seine Ungeduld nur schwer bezähmen, die neuen Nachrichten über die Geschehnisse in Judäa zu erfahren. Auch Joseph wollte seinen Freund nicht lange warten lassen, und so aß er nur wenig und trank einen Krug heißen Weines, der seine Lebensgeister wieder erweckte.

Brogennan war im Winter des vergangenen Jahres mit ihm am See Genezareth gewesen und hatte viele Tage und Nächte mit Jesus und seinen Jüngern verbracht. Am Beginn des neuen Jahres war er dann zurück nach Britannien gesegelt. So vernahm er mit atemloser Spannung die schrecklichen und die unglaublichen Ereignisse, die sich nach dem Passah-Fest in Jerusalem zugetragen hatten. Als Joseph von Arimathäa geendet hatte, schwieg er erschüttert eine Weile, ehe er mit zögernden Worten fragte:

„Und er ist wahrhaft auferstanden von den Toten, und du hast ihn gesehen und berührt?"

„So wie ich dich sehe und berühre", erwiderte Joseph. „Alles, was ich dir berichtet habe, ist die volle Wahrheit."

Brogennan schwieg und starrte in die Flammen. Auch die eingeweihten Druiden wussten natürlich um die Unsterblichkeit der Seelen, aber noch nie war einer der großen Weisen in körperlicher Form aus dem Totenreich zurückgekehrt. Doch war Jesus nicht größer gewesen als jene Meister und Magier, bei denen er gelernt hatte? Es musste wohl so sein, denn er hegte keinen Zweifel an der Wahrhaftigkeit von Josephs Bericht.

„Ich will dir etwas zeigen, was der Meister mir kurz vor seiner Kreuzigung übergeben hat", unterbrach Joseph das andächtige Schweigen. Er nahm seinen großen Korb und holte ein kleines Paket heraus, das sorgsam in Tücher gewickelt war. Als er diese entfernt hatte, kam schließlich ein filigranes Glasgefäß zum Vorschein, das wie ein Kelch gearbeitet war.

„An dem Abend, als wir zum letzten Mal mit Jesus zusammen saßen, ließ er uns alle aus diesem Kelch trinken. Heute denke ich, es war seine Art, sich von uns zu verabschieden. Am Ende des Abends legte er dieses Gefäß in meine Hände und bat mich, es gut aufzubewahren. Daher habe ich den Kelch die ganze Zeit mit mir getragen. Er ist das einzige Erinnerungsstück, das mir von ihm geblieben ist. Ich glaube, ein Meister aus der großen Glasbläserschule von Antiochien hat ihn gefertigt."

Brogennan nahm den Kelch behutsam in die Hände und drehte ihn zum flackernden Schein des Feuers. Er war nicht schwer, aber mit großer Sorgfalt gearbeitet.

„Wir wollen ihn morgen zu Wydda bringen und sie um Rat fragen, was mit ihm geschehen soll. Doch nun wollen wir uns zur Ruhe begeben, denn schon bald wird der Morgen grauen."

So legten sich Joseph, Brogennan und die ihren zur Ruhe, doch viele der Kelten fanden noch lange keinen Schlaf. Sie dachten über das nach, was sie in den letzten Stunden vernommen hatten. Keiner von ihnen hatte jemals von ähnlichen Geschehnissen gehört.

Es war ein kühler Morgen, als Joseph und Brogennan aufbrachen, um Wydda aufzusuchen. Sie lebte in einer kleinen Steinhütte, eine Viertelstunde Weges östlich des Steinkreises. Joseph hatte sie nur einmal kurz im Dorf gesehen, anlässlich des Beltane-Festes vor drei Jahren. Sie war eine uralte Frau mit einem Gesicht, das praktisch nur aus Falten und Runzeln bestand. Die Kelten nannten sie ehrfürchtig die „Ahnfrau". Sie war von den größten Druidenmeistern eingeweiht worden und galt als Bewohnerin beider Welten.

Als sie sich der Hütte näherten, saß Wydda bereits auf einer kleinen Bank in der Sonne und wartete auf sie.

„Willkommen, meine Brüder. Die Wesen des Lichtes haben euch bereits gestern angekündigt, und euer Kommen ist eine große Ehre für mich. Setzt euch und lasst mich den Kelch sehen."

Joseph war nicht allzu überrascht von Wyddas Worten, hatte er doch schon viel von ihren bemerkenswerten Fähigkeiten vernommen. Er wickelte den Kelch aus einem Samttuch, in das er eingeschlagen war, und reichte ihn der Alten.

Sie nahm ihn nur kurz in die Hand, berührte ihn, sich verbeugend, mit der Stirn und gab ihn dann Joseph zurück.

„Ich bin es nicht wert, ihn länger zu tragen."

Erstaunt und tief berührt nahm Joseph den Kelch vom letzten Zusammensein mit Jesus wieder an sich. Vielleicht hatte er noch nicht völlig begriffen, was es mit diesem Gefäß auf sich hatte.

„Nehmt diesen Kelch und errichtet um ihn einen Tempel. Erbaut ihn genau in der Mitte des alten Steinkreises, oberhalb der kleinen Quelle. Er wird für viele, viele Jahrhunderte hier seinen Aufenthaltsort haben. Unzählige Geschlechter werden an diese Stätte kommen und den Segen empfangen, der von ihm ausströmt – gleichgültig ob sie überhaupt von seiner Existenz wissen oder nicht.

Du aber, mein Bruder aus Judäa, komme morgen wieder zu mir. Ich will dir seine Zukunft enthüllen, denn du bist sein Wächter."

Joseph und Brogennan dankten Wydda und versprachen, ihrem Rat Folge zu leisten. Sie waren schon einige Schritte gegangen, als die weise Seherin sie noch einmal zurückrief.

„Wartet! Ich habe dir, Joseph von Arimathäa, noch etwas mitzuteilen.

Nimm deinen Stock, auf den du dich gerade stützt, und stecke ihn auf jenem kleinen Hügel oberhalb des Tempels in den Boden!"

Joseph hörte ihr verwundert zu, sah auf seinen alten Stock und versprach, auch diese Bitte zu erfüllen.

Joseph und Brogennan hatten den Abend damit zugebracht, den Bau des neuen Tempels zu besprechen, der nicht nur den Kelch aufnehmen, sondern auch ein Ort der Weisheit werden sollte. Hier würde die wunderbare Botschaft der Liebe verkündet werden, die sie beide unter der gleißenden Sonne Judäas von ihrem Meister gelernt hatten.

Joseph hatte in der Nacht noch lange mit Brogennan geredet, und so hatte die Sonne schon ein gutes Stück ihrer Bahn zurückgelegt, als er die Hütte von Wydda erreichte. Diesmal saß die alte Priesterin nicht vor ihrer Tür, sondern rief ihn herein, nachdem er angeklopft hatte.

Das Innere der Hütte war einfach gehalten und bestand aus einer Kochstelle, einem Essensplatz und einer kleinen Schlafkammer. Überall jedoch hingen Kräuter zum Trocknen, und auf kleinen Gestellen lagen zahllose Edelsteine und Kristalle.

„Setz dich", bat ihn Wydda und wies auf einen kleinen hölzernen Hocker, der neben einem kupfernen Räuchergefäß stand. Joseph nahm Platz und musterte das Innere der Hütte aufmerksam.

„Interessiert dich mein Werkzeug, Joseph von Arimathäa? Du bist weitgereist und hast viel gesehen. Und doch hast du den Weg nach innen vernachlässigt. Deshalb habe ich dich zu mir gerufen, denn du sollst einen Blick hinter den Schleier der Zeit werfen. Es wurde mir für dich ausdrücklich gestattet!"

Sie nahm eine Handvoll Kräuter, fachte das Feuer an und warf sie in das kupferne Räuchergefäß. Schon bald durchzog ein seltsamer Duft den Raum, und Joseph spürte, wie er ermüdete und kaum noch die Augenlider offen zu halten vermochte.

Dann sah er plötzlich den Steinkreis, das Dorf und das Meer – doch er sah es von

oben, so als würde er wie der Adler über die Felsen gleiten. Während er so den Blick schweifen ließ, begann das Wasser sich zurückzuziehen. Land stieg auf, und der Steinkreis und das Dorf lagen nun viele Meilen landeinwärts.

Dann wiederum veränderten sich die Szenen im Dorf. Die Häuser wurden größer, mehr Menschen kamen und ein neuer, mächtigerer Tempel wurde errichtet. Der Kelch stand viele Jahrhunderte in diesen gewaltigen Mauern, doch dann löste sich auch dieses Bauwerk auf – und zurück blieb nur eine Ruine. Der Kelch verschwand, wurde verborgen und tauchte wieder auf, an neuer, alter Stätte.

Jahrhunderte mochten so an seinem inneren Auge vorbeigezogen sein.

Auch hörte er Stimmen und Namen, die er noch nie zuvor vernommen hatte – Avalon, Glastonbury, der Gral, König Artus und Chalice Well.

Was hatte es mit diesen Namen auf sich?

Joseph blickte auf die Landschaft unter sich, die sich ständig veränderte, und bemerkte gar nicht, dass ein leuchtendes Wesen an seine Seite gekommen war. Erst als er eine sanfte Berührung verspürte, schrak er zusammen und schaute zur Seite.

„Folge mir! Du sollst die Antworten erhalten, nach denen du verlangst."

Das Lichtwesen zog ihn empor, und er hatte das Gefühl, durch einen kristallklaren Bach zu tauchen. Als er aufblickte, leuchtete vor ihm ein silbernes Bauwerk auf, das ihm wie eine mächtige Tempelburg erschien, die sich aus einem Wasserfall zu formen begonnen hatte, der in der Unendlichkeit entspringen musste. Ein Strom, der sich aus der Ewigkeit in die Zeit ergoss. Das gewaltige Gebäude bestand aus mehreren Stockwerken und wies in der Mitte ein Portal auf, zu dem er sich hingezogen fühlte, wobei er nicht sicher wusste, ob es sein eigener Wunsch war oder ob sein leuchtender Begleiter ihn in diese Richtung lenkte.

Je näher er dem Portal kam, desto stärker wurde die Anziehung. Joseph konnte dem Sog nicht widerstehen und ließ sich hindurch ziehen.

Als er empor schaute, schien es ihm, als sei er in einen majestätischen Tempel eingetreten, tausendmal prachtvoller als jener in Jerusalem. Riesige, bis zum Himmelszelt aufragende Türme umgaben ihn. Kunstvoll einander überragend, einer auf den anderen aufbauend und sich seitlich in die endlosen Weiten des Himmels verströmend.

Der mittlere der Himmelsbögen zog ihn besonders an, und er folgte dieser Anziehung, die ihn mühelos emporhob und in ein silbrig-weißes Kuppelgewölbe ein-

tauchen ließ. Auch dieses war wieder nur der Durchgang zu einer neuen, noch helleren und strahlenderen Welt. Diesmal ragten die Bögen nicht so weit in die Höhe wie im ersten Saal. Dafür schien das ganze Deckengewölbe von kostbaren Diamanten und Opalen geschmückt zu sein. Er spürte, wie er weiter empor schwebte, um die ganze Schönheit dieser einzigartigen Lichtfenster zu bewundern. Die Decken waren verziert von Ornamenten und Gestalten, die sicherlich alle eine verborgene Bedeutung besaßen, ohne dass sich ihm diese auch nur in Ahnungen erschloss. Doch er wusste ohne jeden Zweifel, dass dies ein Platz von höchster Heiligkeit war, ein himmlischer Einweihungstempel.

An den Wänden wachten fremdartige Wesen, die „Hüter der Schwelle". Sie schienen nicht lebendig zu sein, und doch strömte von ihnen eine Macht und Unnahbarkeit aus, die Joseph ein wenig frösteln ließ. Welche Mächte mochten hier walten?

„Ich will es dir zeigen", erklang unerwartet wieder die Stimme seines lichten Führers. Fast hatte Joseph die Anwesenheit dieses strahlenden Wesens vergessen, so gefesselt war er von der Schönheit, Macht und Herrlichkeit dieses einzigartigen Bauwerkes. Dies war eine Welt, wie er sie sich niemals hätte vorstellen können.

„Du hast dem Meister auf Erden treu gedient, und du sollst auch weiterhin sein Werkzeug sein – ein friedvoller Krieger des Lichtes. Die Namen, die du vernommen, und die Orte, die du gesehen hast, werden alle mit deiner zukünftigen Aufgabe verbunden sein.

So folge mir nun, um den Segen der Großen Wächter zu empfangen!"

Mit diesen Worten zog ihn sein leuchtender Begleiter nach vorne, und der Wächter an der Wand löste sich auf und gab ihm den Weg frei.

Wie ein Vorhang löste sich die Wand, und Joseph erblickte eine neue, noch prachtvollere Halle. Hohe Wände ragten dreigeschossig vor ihm auf, geheimnisvoll verziert und an vielen Stellen golden glänzend.

Kein Wesen schien sich hier aufzuhalten. An den Seiten erblickte er zwei mächtige Pfeiler, die ihn an den Tempel Salomons erinnerten. War dies der Tempel des „himmlischen Jerusalems"?

Fragend blickte er zu dem Lichtwesen auf, das ihm wohlwollend zulächelte.

„Deine Annahme ist nicht ganz unrichtig. Alles, was sich auf Erden zeigt, hat seinen höheren Ursprung in unserer Welt. Eure Tempel sind nur Abbilder des einen, wahren, himmlischen Tempels. Dieser Tempel hier erfüllt viele Aufgaben, und eine davon ist die Weihe der „Krieger des Lichtes". Im großen Kampf zwi-

schen den Herren des Lichtes und den Mächten der Finsternis benötigen wir Mitstreiter, um den Sieg des LICHTES herbeizuführen.

Wir haben dich beobachtet, Joseph von Arimathäa, dein Herz ist mutig und deine Gesinnung ist rein. Treu hast du dem Boten des Allerhöchsten in deiner Welt gedient, und so sollst du von nun an als Wissender dein Werk fortsetzen."

Mit diesen Worten zog ihn der Engel in die Seite des großen Saales, wo ein Vorhang gewaltigen Ausmaßes von der Decke herabhing, gehalten nur in der Mitte von einer Vorrichtung, die wie ein großes Schwert aussah.

Sie hielten einen Augenblick inne, und Joseph vernahm die Stimme seines lichten Begleiters.

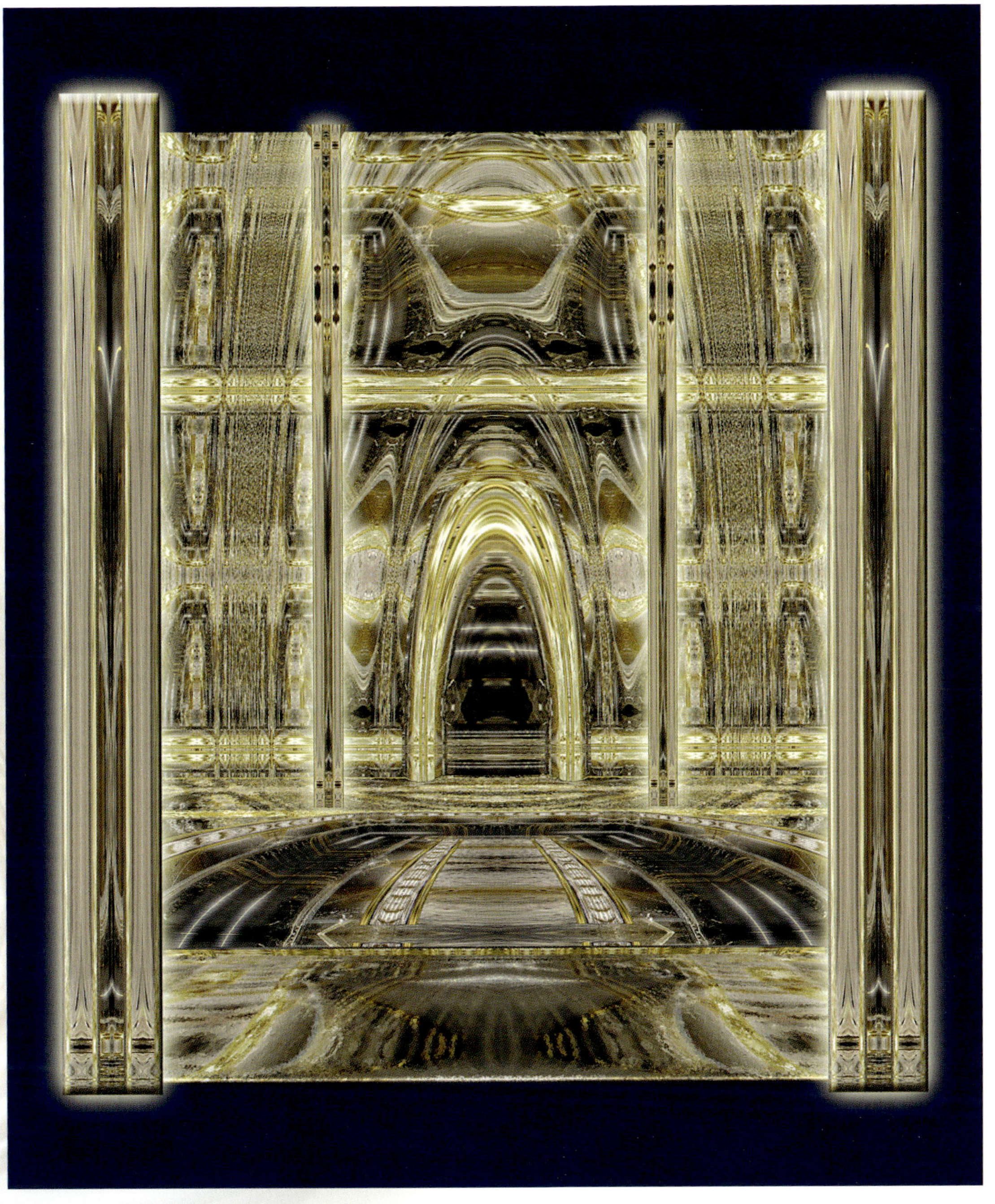

„Göttlicher Meister, wenn dieser, den ich hier vor dein Antlitz bringe, würdig ist, dein Diener zu werden, so weihe du ihn zu deinem Werkzeug!“

Bei diesen Worten öffnete sich der Vorhang, und ein in zahllosen Lichtblitzen schimmerndes Schwert wurde sichtbar. Es schien Joseph, als würde es von einem gewaltigen kosmischen Wesen bewacht.

Ergriffen sank er auf die Knie und senkte sein Haupt. Kaum spürte er, wie das Schwert ihn segnete und für einen Augenblick in seinen Händen zu ruhen schien. Es war ein Empfinden, das die Kraft seiner Wahrnehmung zu übersteigen drohte. Er schien schwerelos zu werden, als eine ungeheure Lichtenergie in seinen Körper einströmte und eine Stimme der Allmacht zu ihm sprach:

„Excalibur! Die Macht des Lichtes ist von nun an mit dir. Gehe und führe von jetzt an den gerechten Kampf als Streiter des Allerhöchsten. Seine Engel werden an deiner Seite stehen. Sei ohne Furcht und ohne Hass. Sei ohne Eigenwollen und ohne Rachegedanken; denn die Gerechtigkeit ist allein bei IHM, der ohne Namen ist.

So kehre nun zurück und wisse, dass Seine Kraft über dir und dem Ort waltet, wo sein Kelch und dein Stab ruhen.“

Ein weiterer Strom kosmischer Kraft erfüllte Joseph von Arimathäa, aber seine Seele vermochte die Bilder nicht mehr zu halten. Er versank in eine tiefe Stille.

Als er erwachte, ruhte er im Gras vor Wyddas Haus. Die Strahlen der Sonne wärmten ihn, und vom Meer wehte eine sanfte Brise herüber.

„Nur wenige vermögen die Gegenwart eines Erzengels zu ertragen, ohne in die Bewusstlosigkeit zu versinken. Groß ist seine Macht und vielfältig seine Namen. So gehe nun mit seinem Segen. Nimm dein Schwert und wirke als Streiter des Lichtes – in dieser und in der anderen Welt."

Wydda legte ihm mit segnender Geste die Hand auf und verabschiedete ihn.

Langsam stieg er hinab in Brogennans Dorf. Wo mochte sein Weg ihn hinführen und welche Aufgaben erwarteten ihn – heute und in ferner Zukunft?

Als er den Hügel oberhalb des Steinkreises erreichte, erblickte er seinen Stock – er hatte ausgeschlagen und trug bereits die ersten grünen Zweige.

BILDÜBERSICHT

mit den Originaltiteln des Künstlers

Informationsmaterial und Motivübersicht sind erhältlich bei:

IVOI · Postfach 1731 · D- 55507 Bad Kreuznach · Tel . und Fax: 0671/ 45 9 35

e-mail: info @ ivoi.de · Internet: www.ivoi.de

Motivübersicht: 16,- € / 32,- SFR Versandkosten 3,- € / 5,- SFR